スモールステップでみるみる泳げる！

発達が気になる子への水泳の教え方

酒井泰葉 アクアマルシェ代表【著】
植田敏郎 東京都障害者スポーツ指導者協議会会長【監修】

合同出版

はじめに

子どもたちの「できた！」を 一緒に喜びたい

私と障害者水泳

　はじめて障害者水泳を見たのは、大学1年生のころでした。当時アルバイトとしてスイミングスクールで働いていましたが、そこに知的障害の方の水泳コースがあったのです。私は監視係で指導に入ることはありませんでしたが、監視台の上から楽しそうに水で遊ぶようすに引き込まれました。

　その後、地元の自治体が主催する障害児水泳教室のボランティアを知り、「何ができるのかわからないけど、とりあえずやってみよう」とこの世界に飛び込んだのでした。しかし、右も左もわからない世界ではじめの1年間は手探りの状態が続きました。

　私がはじめて担当した子どもには知的障害がありました。大きな音が苦手でいつも片耳をふさいでいました。クロールを泳ぐことを目標にしていましたが、私が一生懸命説明してもうまく伝わらず、かえって長い話で混乱させてしまったり、音に対しての配慮が行きとどかず緊張させてしまったりと、毎回反省ばかりでした。

　試行錯誤のなか、半年ほどたって、ふと、こちらの思いが伝わった手ごたえを感じる瞬間がありました。そして、1年たってその子が手足を連動させて、クロールを3m泳げたときは本当に感動しました。私は、いつのまにかむずかしくもやりがいのある障害者水泳の世界に引き込まれていました。

　学生時代は、大学の図書館で水泳に関する資料を読み漁り、なければ洋書や海外の論文を頼んでみたりと水泳で頭がいっぱいの時間を過ごしました。また、心理学を専攻していたこともあり、障害者支援や障害者心理学についても猛勉強しました。

　たとえば、この本の巻末にも紹介した「コミュニケーションカード」もその1つです。大きな音が苦手で耳をふさぐ子どもにも、絵を見せればこれから練習することを理解してもらうことができます。また「クロールと背泳ぎ、どっちの練習しますか？」と

質問をして練習内容を選んでもらうことで子どものモチベーションも上げることができます。

私がめざす障害者水泳指導

　障害があってもなくても「水の中で気持ちよく過ごしたい」「泳いでみたい」と思う気持ちはだれもが同じだと思います。しかし、障害ゆえにやり方がわからなかったり、なかなか恐怖心をぬぐえなかったり、環境が整わず練習ができないといった課題があります。

　この本は「障害があるからスポーツをやった方がいいよ」とか「ルールを学ばせることを目的に水泳を教えます」といった水泳の教本ではありません。体に当たる水の流れや水中で聞こえるポコポコとした音、水面が鏡のように反射するようすを、五感をフルに使って感じて、水を存分に楽しんでもらう方法を多く紹介しました。ただただ、「水の中は居心地がいいな」「浮くっておもしろいな」と水をたくさん感じて楽しんでいるうちに、水の特性を体で理解し、自然と楽しく泳げるようになってくれたらと願い執筆しました。そして、その過程でルールを学んだりコミュニケーションがとれるなどの嬉しい変化が生まれてくると考えています。

　また子どもが少しでも取り組みやすいように、小さなステップで練習する工夫を紹介しています。そして何より安全に、楽しく、体に負担のない泳ぎ方を提案しました。

　この本をきっかけに、1人でも多くの発達障害・知的障害のある子どもたちに、水泳を楽しんでもらえたら、これ以上の幸せはありません。

酒井泰葉

もくじ

はじめに
子どもたちの「できた！」を一緒に喜びたい ── 酒井泰葉

水泳の練習をはじめる前に
- 準備するもの　8
- 水泳を指導するときのポイント　11

Part1　水慣れの練習

1. はじめての水慣れ …………………………………… 16
2. ハイハイ ……………………………………………… 18
3. ワニさん歩き ………………………………………… 19
4. ゆらゆらあそび ……………………………………… 20
5. はじめてのビート板 ………………………………… 22
6. ヌードルで背浮き …………………………………… 24
7. フロートで背浮き …………………………………… 26
8. ゆるゆる背浮き ……………………………………… 28
9. 背浮き飛行機 ………………………………………… 29
10. 1人で背浮き ………………………………………… 30
11. 背浮きでくねくね〔体幹をほぐしてバランスをとる〕……… 32
12. 背浮きでバンザイ〔腕のリラクゼーション〕……………… 34
13. 道具を使って水平姿勢 ……………………………… 35
14. 溺れないために大切なこと①〔プールのふちにつかまる〕…… 36
15. 溺れないために大切なこと②〔水中で体の向きを変える〕…… 37
16. 溺れないために大切なこと③〔仰向けで浮いている状態から立つ〕… 38
    - プラスアルファ　プールで使える楽しい道具 ………… 40

Part2　水の世界を感じる練習

1. 手で感じる水の世界 ………………………………… 42
2. 水をつかむ …………………………………………… 43
3. 水しぶきに慣れる〔スプラッシュ〕………………… 44

④ 水しぶきを楽しむ〔ジャンプ〕………………………… 45

⑤ 水に顔つけ ……………………………………………… 46

⑥ 息を吐く・吸う〔呼吸の練習〕………………………… 48

⑦ ストローあそび〔呼吸の練習〕………………………… 49

⑧ めんこあそび〔呼吸の練習〕…………………………… 50

⑨ 腕の池でブクブク〔呼吸の練習〕……………………… 51

⑩ 水中にらめっこ〔呼吸の練習〕………………………… 52

⑪ 水中で拍手〔水の音を聞く〕…………………………… 53

⑫ 水中でおしゃべり〔水の音を聞く〕…………………… 54

⑬ 宝拾い〔もぐる〕………………………………………… 55

⑭ だるま浮き〔もぐる＋浮く〕…………………………… 56

⑮ お尻つき〔もぐる＋沈む〕……………………………… 57

⑯ お腹つき〔もぐる＋沈む〕……………………………… 58

⑰ 自転車こぎ ……………………………………………… 59

⑱ 大きくジャンプ〔バランスをとる〕…………………… 60

⑲ 水中ケンケン〔バランスをとる〕……………………… 61

⑳ ロケットあそび ………………………………………… 62

㉑ コロン！と回転〔浮く＋向きを変える〕……………… 64

㉒ はじめてのけのび ……………………………………… 66

㉓ 1人でけのび …………………………………………… 67

㉔ 自由に 25 m〔「スタート」と「ゴール」の練習〕……… 68

Part3 泳ぎにつなげる練習

① クリオネ泳ぎ（両手）〔背泳ぎにつなげる練習〕……… 70

② リズミカル腕回し〔背泳ぎにつなげる練習〕………… 72

③ 大きく腕回し〔背泳ぎにつなげる練習〕……………… 74

④ 温泉キック〔キックの練習〕…………………………… 75

⑤ ゆったり背泳ぎ〔完成形〕……………………………… 76

プラスアルファ 2つ以上の動作をつなげるとき ……………… 77

⑥ ロケットキック〔平泳ぎにつなげる練習〕…………… 78

⑦ ハの字に開いていただきます〔平泳ぎにつなげる練習〕……… 80

❽ ゆったり平泳ぎ〔完成形〕……………………………………………… 82
❾ イルカ飛び〔バタフライにつなげる練習〕…………………………… 84
❿ キックして腕回し〔バタフライにつなげる練習〕…………………… 88
⓫ イルカ飛びから腕回し〔バタフライにつなげる練習〕……………… 90
⓬ 片手バタフライ〔バタフライにつなげる練習〕……………………… 92
⓭ ゆったりバタフライ〔完成形〕………………………………………… 94
⓮ 右手右足・左手左足〔クロールにつなげる練習〕…………………… 95
⓯ おっとっと！で浮く〔クロールにつなげる練習〕…………………… 96
⓰ 片手けのび〔クロールにつなげる練習〕……………………………… 97
⓱ 連続で片手けのび〔クロールにつなげる練習〕……………………… 98
⓲ シューッと片手けのび〔クロールにつなげる練習〕………………… 99
⓳ 横向きけのび〔クロールにつなげる練習〕………………………… 100
⓴ 肩から腕回し〔クロールにつなげる練習〕………………………… 102
　プラスアルファ　クロール指導のコツ①……………………………… 103
㉑ コロン！と息継ぎ〔クロールにつなげる練習〕…………………… 104
㉒ パンケーキ！と息継ぎ〔クロールにつなげる練習〕……………… 106
　プラスアルファ　バタ足の指導のコツ………………………………… 107
㉓ ゆったりクロール〔完成形〕………………………………………… 108
　プラスアルファ　クロール指導のコツ②……………………………… 110
㉔ 基本の泳ぎができるようになったら………………………………… 111

付　録

❶ フロート（枕形）の作り方…………………………………………… 114
❷ フロート（ネックピロー形）の作り方……………………………… 115
❸ 賞状……………………………………………………………………… 116
❹ コミュニケーションカード…………………………………………… 117

あとがきにかえて ── 植田敏郎（東京都障害者スポーツ指導者協議会会長）

著者・監修者紹介／水泳クラブ「アクアマルシェ」

水泳の練習を
はじめる前に

準備するもの

●水着

　購入する際は必ず試着をし、着やすい水着を選びましょう。縫い目やタグ、裏地でかゆみを感じる子がいるので確認をしましょう。
　男の子用の水着の腰ひもが結びにくい場合は、ゴムひもにするなど工夫をします。
　水着を着るときに前後がわかるようワッペンなどの印をつけるとよいでしょう。

●水泳帽

　購入する場合は、「子どもだからSサイズ」と決めつけず、試着してみることが大切です。水着と同じ伸縮性のある生地、シリコンなどさまざまな素材があるので、かぶったときのフィット感を確認します。
　水泳帽に慣れていない子どもや毛量の多い子ども、締めつけ感が苦手な子どもは、1サイズ大きめの余裕のあるものを選びましょう。

●子どものゴーグル

　ゴーグルには、プラスチックのレンズ部分が肌に直接当たるタイプと、シリコンのクッションがついているタイプのものがあります。はじめてゴーグルをつける場合は、クッションがついているタイプがおすすめです。水が入らないでかつ、きつ過ぎないよう、調節します。
　ゴーグルのレンズ部分は透明なものだけではなく、色が入っていたりミラー加工してあったり、メガネのように度付きのものもあります。実際にお店で試着してみて、着け心地や、景色の見え方を確認してください。
　まぶしさを感じやすい子どもには、レンズが黒やネイビーなど濃い色、またはミラー加工のものがおすすめです。

水泳の練習をはじめる前に

●指導者のゴーグル

　障害のある子どもにとって、健常者の目線は強く感じることがあります。一方で、目線が見えないと指導者の表情がわかりにくく不安に感じる子どももいます。
　指導者は、反射するミラータイプではないゴーグルを選ぶことをおすすめします。子どもに視覚過敏があれば苦手な色は避けましょう。

●ゴーグルの装着

❶はじめのうちは、ストラップによる頭がしめつけられる感覚や目の周りにあたる感覚に慣れずにすぐに外してしまう場合もあります。むりせず、頭にいつもゴーグルをつけている状態に慣れてもらうところからスタートしましょう。
❷少しずつ子どものおでこから目の方へ移してようすをみましょう。
❸水しぶきが目に入るなどして、子どもがやりにくそうにしているタイミングでゴーグルをつけるようにすすめるとすんなり受け入れてもらえます。
❹ゴーグルは水中でものを見るのにとても便利な道具です。しかし、万が一の水中の事故を想定すると、水中で目を開けられるようになっておくことが大切です。目に疾患がある場合や塩素の強い屋外プールなどは除き、水中で目を開ける練習もしておきましょう。

水着・水泳帽のお手入れ

　水着や水泳帽は洋服よりも薄い化繊の生地でできており、とてもデリケートです。洗濯機は使わずに、帰宅して手を洗うついでや、お風呂に入ったとき一緒に手洗いしましょう。自分でお手入れをするとより愛着がわきます。

①洗面器に水をはり、使い終わった水着と水泳帽を中に入れてゆすぐ。繊維の中の塩素を抜くようなイメージでやさしく行なう。2～3回水を変えてゆすぐ。

! お湯やせっけん、漂白剤などは生地が傷みやすくなるので使用しない。

②両手でかるくぎゅっと押すようにして水気を抜き、陰干しする。

! ぞうきんのように絞って水気を抜くと、生地が引っ張られ弱くなるので注意する。

ゴーグルのお手入れ

　使い終わったら水着と同様、真水ですすぎ、やわらかい布で水気をとり陰干ししましょう。レンズの内側やミラー加工はキズつきやすいので、こすらないようにしましょう。

水泳を指導するときの
ポイント

1 練習中の音の聞こえ方・声のかけ方

　プールでは他の音にまぎれ、声があまりよく聞こえないことがあります。練習中に子どもに伝えるコツは3つです。

❶泳ぐ前に指示や必要なことを伝える。
❷子どものそば（頭側）で伝える。
❸息継ぎのタイミングで伝える。

　❸は短い時間なので、「○○して！」など伝えたいことを簡潔にまとめましょう。

2 泳ぐときの目線を定める

　目線を保つことを「固視」といいます。まっすぐ泳ぐためにはいつも目線を定めておくことが大切ですが、呼吸をコントロールして泳ぎながら固視感覚を保つのはとてもむずかしいことです。とくに、発達障害のある子は、同時に2つの動きをすることが苦手なことがあります。
　まずは、プールの底のラインを見ながら泳ぐ練習をしましょう。泳げば前進するので、泳いだ分だけ目印のラインも動きます。それに慣れるためけのびの姿勢でできるだけ長くラインを見続ける練習もしましょう。

3 体の見えない部分を意識する

　水に浮いていると、水以外なににも触れていない状態になるため、自分の体の感覚と水に触れているという感覚だけが頼りになります。発達障害の子どもは、体の見えない部分を意識したり動かしたりするのが苦手なことがあります。その場合は、たとえばクロールの腕の回し方を練習するとき、腕が太ももの横に軽く触れるようにするなど、泳いでいるときに自分の手足がどうなっているのか感覚的に伝えるとわかりやすくなります。

4 視覚情報を使う

言葉でのコミュニケーションが苦手でも、絵や文字といった視覚からの情報の方が理解しやすい子がいます。その場合、本書の巻末付録で紹介している「コミュニケーションカード」を活用します。たとえば、「クロール」や「ひらおよぎ」の絵カードを2～3枚見てもらいながら、練習内容を子どもに選んでもらったりします。絵だけではなく、記号や数字のカードもあります。ラミネート加工しておけば、水で湿らせたビート板に貼りつけたり、素材によっては壁に直接貼つけたりすることもできます。

文字の方が理解がしやすい子にはお絵描きボードなどの筆談具を使います。

カードを選んでいるところ

お絵描きボード

5 泳ぎの名称を教える声かけ

とくに水泳を習っていなくても、水が大好きではじめからもぐったり浮いたりできる子どもがいます。その場合は、遊んでいる中で「今のは『けのび』だよ、上手にできたね」など、動作に名前がついていることを教える声がけをしましょう。正しい名称でなくても子どもにとってわかりやすいネーミングでOKです。その後は「けのび、1回できたね。2回目もやってみない？」と伝えながら、さらに回数を増やす提案をしてみます。

名称は、毎回同じにします。たとえば、バタ足のことを昨日は「バタバタ」と言い、今日は「バタ足」と言ったら、子どもは混乱します。名称を一致させることで子どもの無用な混乱を避けましょう。

6 ほめ方・フォローの仕方

指導者は「よくできたね！（拍手）」「すごいね！（拍手）」などとほめてフォローしますが、なかにはこのような言葉かけを嫌がる子どももいます。「いつも拍手喝采はわざとらしい（おだてられているような気分だ）」「今は達成感に浸っていたいのに（横でいろいろうるさい）」「赤ちゃん扱いされた……」と、うまくいったときにも素直に喜べなくなってしまうことがあります。

子どもにとって心地よいほめ方・フォローの仕方を探ってみてください。

たとえば子どもとハイタッチをしたり、逆に静かな声でつぶやくように「今のはよかったなぁ」と言ってみましょう。思わず出たほめ言葉は、まちがいなく子どもを嬉しくさせるでしょう。

フォローの言い換え例

「できなかったから、やり直し」	➡	「がんばったね。もう一回チャレンジしてみる?」

「これができなかったから、最初の練習に戻ろうか」	➡	「じゃあつぎはこっちの練習をしてみよう」

★練習のレベルを下げることは伝えないようにします。練習が進む方が「たくさんチャレンジできた!」と自信へとつながります。

「どこがわからないの?」	➡	「手がむずかしかった?足がむずかしかった?」

★できないことやわからないことをうまく言葉で伝えられない子どものために、回答の選択肢のある質問をしましょう。

「がんばればできるよ」	➡	「お、いいね〜♪」「上手くなってきたね」

★子どもはいつもがんばっています。努力が認められないと肩を落としてしまいます。がんばれと言うと、体を緊張させ、力任せの泳ぎになってしまう子もいます。うまくいかなくても、サラリと受けながして、気持ちを次へ切り替えて取り組んでもらいましょう。

Part 1
水慣れの練習

水慣れの1つ目の目標は、
水の性質を知ってもらうことです。
水を信頼し、水と友だちになるための練習です。
2つ目の目標は、水に溺れない体をつくることです。
泳げるのに溺れてしまう子がいるのは、溺れたときに
パニックになってしまうためです。
ただじっと浮く、
とっさに水中で目を開ける、
なにかにつかまるために体を回転させたり、
腕を伸ばすことができれば、
いざというときに危険を回避できます。

1 はじめての水慣れ

水が怖い子どもは不安がぬぐえず、指導者が先にプールに入っていてもなかなか入ってこられません。プールという場所はとても大きく見えますし、まだ自分自身で「安心できる場所」と体感していないからです。安心して入れるように少しずつ段階を踏んでいきましょう。

ねらい
- プールの水の感覚を知ってもらう
- 不安を感じず安心して水に入れるようになる

ステップ 1　プールに入る

ちょっとこわいな…

指
- 指導者が先にプールに入り、プールは安心な場所だと伝える。
- 水の温度や感触を確かめながらゆっくり入る。プールの底をのぞき込み、ようすを実況中継する。
- 子どもと一緒にプールに入る。
- 「プールサイドにお尻をつけて座ってね」「足で、お水にすこーしだけ触ってみよう」「手すりにつかまって、足からゆっくりプールに入ろうね」など、不安をやわらげる短い言葉かけをする。

ポイント
①プールに慣れていない子どもはいきなりプールへ入れません。指導者が楽しんでいるところを見せ、子どもとやりとりしながら水がどんなものなのか知ってもらいましょう。むりに水の中に入らせないようにします。
②怖くて「抱っこ」をせがむ子もいるかもしれません。その場合は、抱っこして水に慣れてもらいます。子どもが自分で立ち、歩けることをめざしましょう。

サポートのコツ
　子どもは大人よりもプールを広く感じるものです。はじめはプールを怖がって途中まで入ってもすぐ出てしまったり……をくり返すこともあります。「すごい！　足首まで入れた！」など、子どものチャレンジを見逃さず、自信が持てるような声がけを心がけ、あせらず見守りましょう。

↓ できるようになったら

ステップ 2　プールの水を知る

 指
- 手のひらにすくった水を見せる。
- 興味があるようなら触ってもらう。
- 水の感触や温度、気持ちよさを感じてもらう。
- 水しぶきのように子どもにパッパと水を2〜3滴、体につける。

ポイント

プールの大量の水は恐怖に感じても、指導者が手のひらにすくった水やバケツの中の水なら触れることがあります。

↓ できるようになったら

ステップ 3　すこーし水を感じてみよう

つめたい！

 指
- 手やコップですくった水を子どもにかける。はじめは肩や耳の後ろ、後頭部に、慣れたら頭頂部に、最後は顔の表面にサラサラ流れるようにかける。
- 片方の手で子どもの手をとり、安心感を持ってもらう。

ポイント

感覚過敏がある子や首筋にかかる水を気にする子の場合は、むりをしないで少しずつ慣れてもらいます。

Part 1 水慣れの練習

17

2 ハイハイ

　四つんばいになって歩くハイハイは、背中を左右交互に動かします。体幹が鍛えられ胴体を水平姿勢に保てるようになります。日常生活の中で姿勢よく歩いたり座ったりしやすくなります。将来、けのびやクロール、背泳ぎに進むためにも必要なステップです。

> **ねらい**
> ・四つんばいで歩くことで体が水平姿勢になることに慣れる
> ・スタート・ゴールの合図を覚える

ステップ1

指 ●水深50cmくらいの浅いプール、または水深1mのプールにプールフロアを置いて行なう。

ポイント
プールフロアの大きさは、長さ2m、幅1m、高さ40cmくらいです。

ステップ2

指 ●はじめは指導者がハイハイの見本を見せる。

子 ●スタートでハイハイし、ゴールで終了する。

ポイント
右手右足、左手左足が出てもOK！　前進できたことをほめます。

> **サポートのコツ**
> 　発達障害の子どもは、ハイハイを手の甲で歩いたり、ぎこちない動きになることがあります。その場合は、慣れないうちはひじばい、慣れたら四つんばいへと進みます。足の指も使ってしっかりハイハイすることで、全身運動になります。体がこわばっているときは、子どもが嫌がらなければ、背中やふくらはぎなど固いところをさすり、緊張をほぐします。

3 ワニさん歩き

将来、けのびの姿勢をつくるために必要なステップです。足は閉じたまま、腕だけで台の上を進みます。ワニではなくても、子どもが好きな動物の名前で行なうと楽しんで練習できます。

ねらい
- 水の中で腹ばい姿勢に慣れる
- 腕や背中を使って体を支える

ステップ 1

指
- はじめは指導者が足を持ち、足は閉じたまま腕だけで進む。
- 足を触られることを嫌がる子どももいるので、その場合はひざを伸ばして両手両足で進んでもらう。

子
- 足を伸ばしてほふく前進の姿勢になる。

ステップ 2

子
- 1人でワニさん歩きをする。

指
- 慣れたらゴールで待つ。
- できたらハイタッチ。

ポイント

余裕が出てきたら、水面までかかとを上げて歩いてみましょう。けのびの姿勢に近くなります。

台から降りるときの注意

子どもは頭が重いので、勢いよくゴールしてしまうと頭から水中へ落ちてしまうことがあります。水に慣れていない子どもは、台のふちにいったん座ってから降りるように伝えましょう。

Part 1 水慣れの練習

4 ゆらゆらあそび

水に慣れていても背中にこわばりがある子どもが多くいます。背浮きの姿勢を横から支え、体を水にゆだねて左右にゆらゆら動かします。その姿勢をキープしたまま少し水にゆられる感覚をつかみましょう。背中が張っている子どもに効果的なストレッチです。

ねらい
- 背中のこわばりをとる
- 水面でリラックスする

ステップ 1

指 ● 子どもの横に立ち、利き手ではない方の手で後頭部に手のひらを添える。

ステップ 2

指 ● 子どもに天井を見るように伝える。

子 ● 肩まで水につかり、上を向く。

ポイント
あごを上げて真上を見る。

ステップ 3

 ● 頭を支えながら、もう片方の腕も子どもの体が上に向くように軽く腰に添える。

ポイント

①子どもの目線が完全に天井へ向くと安定するので安心できます。
②子どもは後ろが見えないので「溺れないか」と不安でいっぱいです。声が聞こえやすいように、指導者の顔を子どもの頭のそばに近づけます。

ステップ 4

ゆらゆら

 ● 子どもの体全体の力が抜けるようやさしくゆすりましょう。

ポイント

①はじめは耳に水が入るのが怖くて頭を起こしても OK。
②むりに正しい姿勢をとらせようとせず、自然と体が浮くことをめざしましょう。

サポートのコツ

　背浮きをしたとき、だるま浮きのようにぎゅっと背中を丸めて小さくなってしまう場合は、足をポーンと伸ばす練習をしましょう。
　水深が座った子どものおへそくらいの浅いプールの床にお尻をつけて座り、手は体の後ろにつきます。その状態から足をお腹側に引き寄せてからポーンと両足をけります。自分の足がどうなっているのか見えるので、足の力のオン・オフを切り替える練習になります。
　足を投げ出すときに、「せーのっ、ポーン！」「どっかーん！」など子どもにわかりやすい声がけを行なうと、自然とタイミングがつかめるようになり、将来のけのびや平泳ぎのキックにつながります。

Part 1　水慣れの練習

5 はじめてのビート板

発達障害のある子は、ビート板の素材が苦手で触れられなかったり、手や指の感覚が未発達で上手に握れなかったりすることがあります。

ビート板は、水泳のトレーニングには欠かせない道具です。スモールステップでじょじょに慣れていきましょう。

ねらい
- ビート板の使い方を知る
- ビート板で注意することを知る

ステップ 1

指 ●泳ぐ練習で使う大切な道具だと伝える。

ポイント
①はじめは子どもの目に入るところに置き、「存在を知ってもらう」ところからはじめます。ビート板を気にするようになったら、「ビート板です」と渡しましょう。
②可能であれば、ビート板に絵や模様を書くと上下左右がわかりやすくなります。子ども自身に描かせると世界に1つだけのビート板となりよりだいじにしてくれます。

ステップ 2

指 ●「浮かべて使おうね」など使い方を先に伝えておく。

ポイント
ビート板を沈めると、手を離したときに勢いよく飛び出し、あごや目にぶつかってケガをすることがあることを教えます。

ステップ 3

子 ●両手で持つ。

ポイント
浮力が強すぎて肩が上がってしまったり押さえつけるように持っている場合は、ビート板を縦から横向きにするなど工夫してください。

ステップ 4

子 ● 両手で持ちながら短い距離を歩いてみる。慣れたら少しずつ距離を伸ばす。

ポイント
つねに正しく持てるように、ゴールまでビート板を持って一緒に歩きながら慣れてもらいましょう。

Part 1　水慣れの練習

サポートのコツ

他にもある浮くための道具

●**ヌードル**

　ビート板よりも浮力は弱く、自力で浮く練習の際の補助具として使います。スポンジ製でやわらかく曲げて使うこともできます。中心の位置や子どもが安定するところ、持ち手などがわかりやすいように耐水性のマジックでしるしをつけるとよいでしょう。

　外すときヌードルが水中から飛び出すため、使い終わったら体からゆっくり外すよう伝えます。

ヌードル（印をつけたもの）

●**フロート**

　中に発泡ビーズを入れた浮き具。枕やネックピローのような形から長細いものなど形状はさまざまで、クッションのように体を支えます。ビート板よりも浮力は弱いですが、厚みがありやわらかいため、より「自分で浮いている感覚」を得られやすいことが特徴です。➡フロートの作り方：114ページ

フロート

23

6 ヌードルで背浮き

1人で背浮きをしようとすると、肩に力が入ってしまう子どもや、腰が落ちてしまう子どもがいます。ヌードルを使って背浮きの姿勢を体験することで、正しい姿勢に近づこうと意識できるようになります。

ねらい
- 首や肩、肩甲骨の緊張をとって上向き姿勢ができるようになる
- 背泳ぎにつなげる

介助あり

ステップ 1

指 ● ヌードルを持って準備する。

ポイント
足裏は肩幅に開いて床についている状態です。ひざは軽く曲げてかまいません。お尻が後ろに出ないでストンと下がっていることを確認します。

ステップ 2

指 ● 子どもに、肩まで沈んでゆっくり上を向くよう伝える。

子 ● 上を向く。耳まで水に浸かると安定する。

ポイント
耳の中に水が入ることが苦手な子どもには、両耳を指導員の手で包み（必要なら耳たぶも閉じて）サポートします。

ステップ 3

 指
- 子どもの首や肩甲骨に手を添え、サポートする。
- 子どもが自然に浮くのを見守る。
- 子どもに余裕があれば少し後ろに下がる。

 子
- 足が離れるまで少しずつひざをのばして背浮きをする。

ポイント
①頭の方に重心が移動すると、自然と足が床から離れていきます。
②目線は完全に天井へ向けた方が安全です。

サポートのコツ

1本のヌードルでやりにくい場合

2つに切ったヌードルを用意し、1本ずつわきの下にはさんで練習すると体が安定します。

介助なし

ステップ 1

- ヌードルを持って準備をする。

ステップ 2

- 足裏を底につけたまま肩まで水に浸かる。

ステップ 3

- ゆっくり上を向いて耳まで水に浸かる。

ステップ 4

- 足が離れるまで少しずつひざ裏を伸ばしていく。

7 フロートで背浮き

ヌードルを使った練習と同じことをフロートでも行ないます。ヌードルに不安を感じる子どもには、面積の広いフロートからはじめるのもおすすめです。

> **ねらい**
> ・首や肩、肩甲骨の緊張をとって上向き姿勢ができるようになる

介助あり

ステップ 1

指 ●フロートを子どもの両わきにはさんで準備する。

子 ●リラックスして足は肩幅にして立つ。

ステップ 2

子 ●肩まで入ってから上を向いて耳まで水に浸かる。

指 ●子どもが肩まで入ったことを確認してから、ゆっくり上を向いてもらう。

> **ポイント**
> 足裏は肩幅に開いて床についている状態です。ひざは軽く曲げてかまいません。お尻が後ろに出ないでストンと下がっていることを確認します。

ステップ 3

 ● 子どもの耳のあたりを水に浸かる位置で支えながら、後ろに下がる。

 ● 床から足が離れるまで少しずつひざをのばして背浮きをする。

ポイント
①頭の方に重心が移動すると、自然と足が床から離れていきます。
②目線は完全に天井へ向けた方が安全です。

介助なし

ステップ 1

● フロートを持って準備をする。

ステップ 2

● 足裏を床につけたまま肩まで水に入る。

ステップ 3

● 耳が水に浸かるまでゆっくり上を向く。

ステップ 4

● 足が床から離れるまで少しずつひざ裏を伸ばしていく。

サポートのコツ

頭が天井の方向へ向きにくい子どもは、指導者の手のひらを枕にして、そこに頭を乗せてもらってもいいでしょう。

Part 1 水慣れの練習

8 ゆるゆる背浮き

水に慣れていても、背中にこわばりがある子が多くいます。体の力を抜いて水を信頼する練習をします。力が抜けている感覚を言葉で表現するのはとてもむずかしいものです。指導者が実際に腕などの力を抜き、力が抜けた状態を見せたり触ったりさせ、感覚的に理解していきます。

ねらい
・補助をつけて浮くことができる
・体の力を抜くことを実感する

ステップ 1

指 ●利き手ではない方の手で、子どもの後頭部に手のひらを添える。

ステップ 2

指 ●子どもの背中にも手のひらを添える。

子 ●ひざを軽く曲げ、肩まで水に浸かり、上を向く。

ステップ 3

指 ●片手で子どもの耳のあたりを水に浸かる位置で支え、後ろに下がりながら、背浮きをサポートする。もう片方の手で背中を支える。

子 ●床から少しでも足が浮いたらOK。慣れたらひざをのばして全身で浮く。

9 背浮き飛行機

背浮きに慣れてきたら、水面でバランスをとる練習をしてみましょう。体の力を抜いて、ゆっくり手を広げ、水面に浮く気持ちよさを感じます。

ねらい
・全身の力を抜いて背浮きをしながらバランスをとる

Part 1 水慣れの練習

ステップ 1

指 ●子どもの後頭部と腰に手を当てる。

子 ●リラックスして立った状態から肩まで水に浸かり上を見上げる。

ステップ 2

子 ●そのまま背浮きの体勢になる。

ステップ 3

指 ●「腕を横に広げて飛行機」と伝える。

子 ●腕を横に広げて、合図があるまで浮いている。

29

10 1人で背浮き

補助道具なしで背浮きをします。
　頭が上を向くより先に足を離そうとする子が多くいますが、顔に水がかかってしまいます。1つずつ順番を確認しながらチャレンジしてみましょう。

ねらい
- 1人で浮くことができる
- いつも通りに呼吸できる

介助あり

ステップ1

指 ● 子どもの背後に立ち、両肩に手を置く。

子 ● リラックスして足を肩幅にしてひざをゆるめ、肩まで水に入る。

ステップ2

指 ● 首元と、肩甲骨下や腰周りに手を添えると、自然と上向き姿勢になる。

子 ● ゆっくり上を向いて耳まで水に浸る。

ポイント
①後頭部に水が触る際、ひんやりとした冷たさを感じてびっくりする子もいるので、「頭ひんやりするよ〜」などと声がけをし、安心してもらいます。
②水の音をたてないくらい静かに上を向けば顔に水がかかりにくくなります。

ステップ 3

床から少しでも足が浮いたら OK。

 ● ひざを伸ばして背浮きをする。

 ● 下半身が沈みやすい子どもには、指導者の腕全体に子どもの胴体や肩甲骨・腰周りを乗せるとよい。

水が顔にかかるのが気になるときは、波の少ない場所を選んだり、ゴーグルをつけて目に水が入ることを防ぐなど工夫してみましょう。

介助なし

ステップ 1

● 進行方向に向かって後ろ向きに立つ。

ステップ 2

● 足裏を床につけたまま肩まで水に入る。

ステップ 3

● 耳が水に浸かるまで頭を上にし、視線は天井に向ける。写真のように腕をのばし横に広げながら胸を開くとバランスがとりやすい。

ステップ 4

● ゆっくりひざを伸ばして浮く。

天井のどこか1点を見つめるようにしましょう。

背浮きを楽しむ方法

先生や友だちとおしゃべりしながら背浮きをしてみましょう！
自然と体がリラックスして浮きやすくなります。

11 背浮きでくねくね
〔体幹をほぐしてバランスをとる〕

　背浮きができたら、つぎは浮きながら上下、左右、ひねりの動きにチャレンジしてみましょう。発達段階によって、子どもたちが感じる難易度や恐怖心は違います。小さな動きからはじめ、最終的には大きくうねってもリラックスできるくらい余裕が持てる状態をめざしましょう。

> **ねらい**
> ・泳ぎに必要なバランス感覚を養う
> ・リラックスして波を感じる
> ・いつも通り呼吸できる
> ・体を水にゆだねる気持ちよさを体感する

ステップ 1

体が自然に上下する感じを体感。

 ●肩甲骨の間に手を添え、息を吸ったときに胸があがるように下から支える。息を吐いたときに手をそっと放して自然と体が下がるのを見守る。

 ●力を抜いて水の気持ちよさを感じる。

> **ポイント**

①指導者は次のように手を添えます。

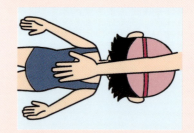

②くすぐったく感じることがあるので、子どもに事前に触れられても平気なところを確認しておきます。
③指先ではなく手のひら全体で体の中心までサポートするイメージで骨盤をしっかり支えます。子どもは目を閉じてもかまいません。

ステップ 2

ポイント
水の抵抗や浮力を感じ、体に水が流れる気持ちよさを体感します。

指 ● 子どもの体を水平に保ったまま、コンパスのイメージで、子どもで弧を描くように左右にゆらす。

子 ● 足を肩幅より広く開く。力を抜いて水の気持ちよさを感じる。

ステップ 3

指 ● 腰をしっかりサポートする。子どもの体を少しずつななめに倒しながら左右にゆらす。

子 ● 力を抜いて水の気持ちよさを感じる。

サポートのコツ

　子どもが気持ちいいと感じる「ゆれ幅」「スピード」「深さ」は違います。「上下・左右どっちが気持ちいい？」「このスピードはどうかな？」など聞きながら、子どもが「気持ちいい」と感じる方法で慣らしていきましょう。慣れないうちはフロートを使ってもよいでしょう。
　はじめは気持ちよく感じなかった動きも、日によって、また慣れの段階によって変化することもあります。ようすを見ながら、はじめは苦手意識のあった動きも少しずつ取り入れてみましょう。

Part 1　水慣れの練習

12 背浮きでバンザイ
〔腕のリラクゼーション〕

猫背で肩甲骨が動きづらくバンザイができない子どもがいます。背中の余分な緊張をほぐし、腕が上がるようになることをめざします。

ねらい
- 背中から肩甲骨、肩、腕の力を抜く
- さらさらとした水の流れを感じる
- 肩が力まずにバンザイができる

指 ● 子どもの後頭部と動かす方の腕を支える。

子 ● 背浮きをし、バンザイする。

ポイント
首周りが過敏な子どもは肩が上がって「バンザイ」をしてしまう傾向があります。むりせず、肩を上げずに腕が伸びる位置で行ないます。

指 ● 子どもの腕がやわらかくしなるよう、矢印の方向へ水面をすべらせる。

子 ● 腕に水があたり、流れる感じを味わう。

ステップ 3

指 ● 子どもの手を太ももまですべらせたら、はじめの位置まで腕を開く。これをくり返す。反対の腕も同様に行ないます。

ポイント
①子どもが不安がっているときは手を握りながら行ないます。少しずつ腕の動く幅が広がればOKです。
②指導者の他にサポート役がいるときは、子どものふくらはぎをマッサージしたり足首を回したり、足のリラクゼーションを行ないましょう。

13 道具を使って水平姿勢

泳いでいるときの水平姿勢を体感するために道具を使って練習します。めざすべき正しい姿勢を体験することでイメージしやすくなり、道具を外したときにチャレンジしやすくなります。いきなり浮くことに恐怖感がある子どももいるので、道具に慣れながら少しずつ練習しましょう。

> **ねらい**
> ・実際に泳ぐときの水平姿勢を体験する

Part 1　水慣れの練習

ステップ 1

指 ●必要ならフロートを脇に通して胸の前に巻きつける。

子 ●ビート板を持つ。

ステップ 2

子 ●ゆっくり床から足を離しながら足を伸ばす。

指 ●体が水平になるように沈み込まないように支える。

ステップ 3

子 ●慣れてきたら少しずつ足を自由に動かしてみる。

> **ポイント**
> ①腰が下がるようなら、子どものおへその下へフロートを移してやりやすいところをみつけていきましょう。
> ②自転車をこぐように足を回したり、いろいろな動きを試してもらいましょう。まずは進んだときの楽しさを味わってもらいます。

35

14 溺れないために大切なこと①
〔プールのふちにつかまる〕

水の事故を防ぐために必要なのことの1つは、「ふちにつかまる」ことです。とっさのときに自力でふちにつかまることができれば、呼吸ができ、気持ちを落ち着かせることができるからです。お風呂での事故も防げます。

ねらい
・水の事故を回避する

ステップ1

指
- 両手でプールのふちにつかまる練習をする。
- 「セミさんになろう」など、ポーズをとらせるとわかりやすい子もいる。
- 両手がむずかしいときは片手でふちの感触に慣れるところからはじめる。

子
- ふちにつかまる。

ポイント
子どもがすぐに手を離してしまうときは「10秒数えるよ」と声をかけ、長くつかまれるよう工夫します。

サポートのコツ

溺れないための3つの技術

溺れないために必要なことは次の3つです。
①ふちにつかまる
②水中で体の向きを変える
③仰向けで浮いている状態から立つ

プールに入ることに慣れてきたら、じょじょに指導していきましょう。

「つかまる」「にぎる」力が弱い子どもには子どもの手に指導員の手を重ねてサポートします。つかまったりにぎったりすることに必要な力を体で覚えます。

15 溺れないために大切なこと②
〔水中で体の向きを変える〕

水中で自分の体をコントロールできるようにすることは重要な技術です。水中でバランスを崩したりしても、自力で体の向きを変えられれば、パニックにならずにすみます。

ねらい
- 水中で自分の意志で体を動かす
- 水中で体をコントロールする力加減を知る
- 泳ぐ際に必要なバランス感覚を身につける

Part 1 水慣れの練習

ステップ1

 脇の下にしっかりフロートが固定されているか確認する。

子 フロートをつける。

ステップ2

指 子どもの腰に手を当て、体を回す。

子 はじめは半回転からチャレンジ。

ステップ3

子 慣れたら一回転にチャレンジ。

ポイント
余裕ができたら、水に顔をつけながらやフロートなしで回ってみましょう。

37

16 溺れないために大切なこと③
〔仰向けで浮いている状態から立つ〕

水面に仰向けで浮いた状態から普段と同じ立位の姿勢になることは、水の事故を防ぐためにも、泳ぐためにも重要な動作です。体の向きを変えることに慣れ、水中で自在に体を操れるようになるための練習をします。

ねらい
・浮いている状態から自力で立てるようになる

介助あり

ステップ 1

指 ● 子どもの後頭部を支える。

子 ● 浮いた状態で深呼吸する。

ポイント
目線が完全に天井の方へ向く方が安全です。

ステップ 2

指 ●「顔を水にペッタンして、立つよ」
「おへそ（ひざ）を見て、立つよ」などと声がけする。

子 ● おへそ（またはひざ）を見る姿勢になるため、腕を横に広げていく。

ステップ 3

子 ● 一度大きく息を吸い、息を吐きながらおへそ（またはひざ）を見るように腰を曲げる。このとき、顔を水面に一瞬つけるようにすると立ちやすい。

ステップ 4

子 ● 足裏を床につけ、バランスをとりながら立つ。

指 ● 脇から支え、子どもが立つのをサポートする。

介助なし

ステップ 1

● 浮いた状態で深呼吸する。

ステップ 2

● おへそ（またはひざ）を見る姿勢になるため腕を横に広げていく。

ステップ 3

● 一度大きく息を吸い、息を吐きながらおへそ（またはひざ）を見るように腰を曲げる。

ステップ 4

● 足を下ろして床につける。

Part 1 水慣れの練習

プールで使える楽しい道具

●水中用おもちゃ（ケルプ）
沈めて拾う道具です。

●ダイビングスティック
沈めて拾う道具です。くねくね曲がるやわらかい素材もあります。泳ぎの練習にも使えます。→ 110 ページ

●フラフープ（浮き付き）
水中に浮かせて輪の中をくぐったり、泳ぐコースの目印にしたりします。浮き付きは、フラフープの高さを変えることもでき、人が持たなくてもフープが自立します。

●水中リング
泳ぐコースの目印に、握る練習に、背浮きのときに不安を軽くするために、浮く時間を長くするためなどに使えます。

●ブロック
沈めて拾う道具です。宝拾いなどのゲームで使います。「何回泳いだ」かプールサイドに置いて数えるのにも使えます。

●あひる　　●ビニールボール
浮かせて拾ったり、息をふきかける練習などに使います。道具の大きさにより難易度が変わります。

Part 2

水の世界を感じる練習

体の力み具合や動かし方によって、
ときにはどっしり重たく感じたり、
ときにはサラサラ流れるように感じたり、
水の感じ方はさまざまでとても奥が深いのです。
水の感触や温度、水中での物の見え方や
音の聞こえ方を感じてもらう練習です。
子どもの興味があるところからはじめ、
少しずつできることを増やし、
水の世界を広げていきましょう。
最後はフリースタイル（自由な泳ぎ方）で
25m泳ぐ体力をつけ、
PART 3へのはずみをつけましょう。

1 手で感じる水の世界

水を力強く押したり、やさしくなぞったりして、水の感触や音などを体感してもらいましょう。さまざまな水の触り方を体験し、水を捉えたり、力をコントロールすることにつなげます。

ねらい
- 五感を使って水の世界に慣れる
- 手で水の重さを体感する

ステップ 1

指 ● 子どもに寄りそって歩きながら「手で水を押してごらん」など、手で水を触るよう声をかける。

ステップ 2

指 ● 細かい泡を出したり、大きな波をつくったりしながら水の感覚に慣れてもらう。

子 ● 水の触り方による感触の違いや水の音の違いなどを実感する。

ポイント 水面をたたいたり、ボコンという音を立てて水を押したり、シュワシュワと泡を出したり、水のさまざまな感触をためしましょう。

サポートのコツ バランスがとりにくい子や波でふらついてしまう子は、背中に手を添えると安心します。

2 水をつかむ

腕が回らず、手のひらだけで水をかこうとする子どもが多くいます。ひじから手先にかけて回旋することで、水をうまく捉えることができます。ここでは、腕を外、内に向けることで水を捉えるきっかけをつくります。

ねらい
- 水をつかむ感覚を体験する
- 手で水を捉えることができる

Part 2 水の世界を感じる練習

ステップ 1

- 子どもの後ろに立ち、子どもの腕に手を添えて、開いたり閉じたりするように動かす。
- 腕を肩幅に広げ、楽にした状態で水面に浮かす。

- 余裕が出てきたら「ふわふわー」と言いながら自分で動かしてみる。

 ポイント
子どもが自分の腕で水の抵抗を感じられるようにします。

サポートのコツ

❶腕を外側に開くときは、左右の小指が少し上を向くように開き、内側に閉じるときは、両手が水平になるように閉じます。

2時 ← 12時 → 10時

閉じる　手のひらは水面に対して平行に

❷上手に水をキャッチする手の位置の目安はプールサイドから上がるときの肩幅です。自分の頭を12時としたとき、左手が10時、右手が2時の位置くらいにします。

43

3 水しぶきに慣れる〔スプラッシュ〕

しぶきに慣れるための練習の1つです。自分がつくった小さな波とその水しぶきに慣れるところからはじめます。

ねらい
- ・近距離の水しぶきに慣れる
- ・腕をまっすぐ前に伸ばしたり、腕で水を切る感覚をつかむ

ステップ 1

子 ●腕を使って水面で大きな丸を描いてしぶきをつくる。手首を90度下に折るとやりやすい。

　水が顔にかかったらぬぐってかまいません。水のついた手で顔に触れることができたらすかさず「いいね！」とほめて気づかせてあげましょう。自信になります。

4 水しぶきを楽しむ
［ジャンプ］

しぶきに慣れるためのつぎのステップです。水が怖い子どもは、しぶきがかかるため自分からジャンプをしたがりません。自分がつくった波とその水しぶきに慣れる練習です。

ねらい
・近距離の水しぶきに慣れる
・乱流に慣れる

ステップ 1

指 ●「ジャーンプ！ ジャーンプ！」とかけ声をかける。

子 ●かけ声にあわせ、ジャンプしてしぶきをつくる。

サポートのコツ

❶**慣れてきたら**どこまでジャンプできるか、目標を決めてチャレンジしてみましょう。腰（男性なら水着の線）が水上に出ればかなりジャンプ力がある証です。指導員とハイタッチしたりすると楽しくできます。
❷**ジャンプがしにくい子どもは**、足首を回すストレッチをしてから取り組むとよいでしょう。
❸自らジャンプすることで波やしぶきに慣れ、ふらつかないバランス力もつけましょう。

Part 2 水の世界を感じる練習

5 水に顔つけ

子どもにとって広いプールの水に顔をつけることはとても大きな挑戦です。子どもが「ここなら安心」と思える深さや環境で、顔つけに少しずつチャレンジしてもらい、慣れていきましょう。

> **ねらい**
> ・水を信頼する

水にあごをつける

ステップ 1

- **指** ● 水面に手のひらを差し出し、あごをつける場所を伝える。
- **子** ● 指導者の手のひらにあごをつける。

ステップ 2

- **子** ● 余裕が出てきたら自分の手のひらでも同じようにつけてみる。

ステップ 3

- **子** ● 自分の手のひらもなしでやってみる。

ポイント
慣れてきたら、「3、2、1、ペタ！」など声をかけてやってみましょう。

水にほほと耳をつける

ステップ1

子 ●指導者の手のひらにほほをつける。

ポイント

はじめは濡れている手に、慣れてきたら水をすくった手の上につけてもらいましょう。不安がる場合は空いている方の手で子どもの手をつないであげます。

ステップ2

指 ●子どもが慣れてきたら少しずつ手のひらを水面の方へ近づけ、耳まで水につけてみる。

子 ●余裕が出てきたら自分の手のひらでも同じようにつけてみる。

ステップ3

きもちい〜

子 ●手のひらなしでほほと耳を水につける。

サポートのコツ

　プールで顔を水につける練習をしてほめられたので、家のお風呂でも同じようにやってしまう子がいます。親が目を離したすきに、または子どもが1人でお風呂に入ったときに思わぬ事故が起こる可能性があります。気軽に「お家でも練習してみてね」と伝えることは避けましょう。

Part 2　水の世界を感じる練習

6 息を吐く・吸う
〔呼吸の練習〕

水泳において呼吸はもっとも重要な動作です。水中に立った状態で通常の呼吸をできる練習をしましょう。普段から呼吸の浅い子や深呼吸が苦手な子には、毎回この練習を行ない呼吸の仕方を思い出してもらうようにします。

ねらい
- 呼吸の仕方の基本を覚える
- 適切な量の息を吐いて、吸うことができる

ステップ 1

子 ●肺に残っている空気をすべて出すイメージで息を吐ききる。

ポイント
息をきちんと吐かなければ、正しく吸うことができません。

ステップ 2

指 ●軽く子どもの肩甲骨に手を当てて、手のひら（背中）を意識しながら息を吸うよう伝える。

子 ●水中に立った状態で、指導者の手を意識しながら息を吸う。むりに肩甲骨を上下させない。

ポイント
①息を吸うときに背中側に息が入るイメージを持ちます。
②息を吸ったとき肋骨が広がればOK。胸（体の前側）だけが動いている場合、泳いだときに腰が反れてしまうことがあります。

NG こんな姿勢になっていないかな？

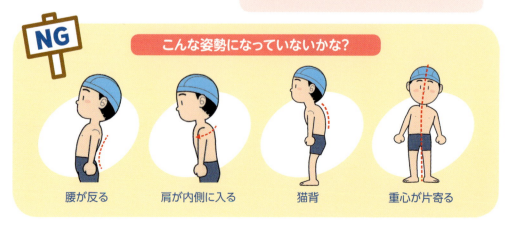

腰が反る　　肩が内側に入る　　猫背　　重心が片寄る

7 ストローあそび
〔呼吸の練習〕

　いきなり口を水面につけることに抵抗を感じる子どもは多くいます。水中で息を吐くと、すぐに吸おうとして水をのんだり、口をつぐんでしまったり、歯をくいしばってしまうこともあります。まずはストローを通して息を吐くことに慣れてもらいます。

> **ねらい**
> ・歯をくいしばらず長く息を吐くことができる
> ・「フー、ウッ、パ！」の「パ！」までできるようになる

ステップ 1

 ●ストローを持って「フー、ウッ、パ！」と呼吸する。

> **ポイント**
> ①「フー」で息を吐き、「ウッ」で息を止めて、「パッ」で息を吸います。「フー」は、できるだけ長く吐けるよう練習します。「ウッ」と意識すると逆流しないで息継ぎができます。
> ②「パッ！」と言うことで、口の周りの水滴がとび、いきなり水を吸いこむことなく息を吸うことができます。
> ③できるようになったら、細く長く息を吐いたり、一気にブクブク！と息を吐いたりするなど、息を吐く力に強弱をつけてあそんでみましょう。

サポートのコツ

どんなストローでもいい？

　無地のまっすぐなストローでもOKです。写真のような、パーティー用などのかわいいストローであれば、見た目にも楽しく、また通常よりも長く息を吹く練習ができます。

Part 2 水の世界を感じる練習

49

8 めんこあそび
〔呼吸の練習〕

息継ぎのために必要な、息を細く吐く練習です。目印のめんこが進むので、息を吐くことを視覚的に覚えられます。

> **ねらい**
> ・「フー」と細く長く息を吐く
> ・吐く息の量を自分で調整できるようになる

ステップ 1

 ●めんこを水面に浮かべる。先に見本を見せる。

 ●めんこに向かって息を吐き、水面を進ませる。

ポイント
① 「フー」と細く息を吐くと上手に進みます。
② 余裕ができたら、勢いよく息を吐いてひっくり返したり、より遠くへ進めてみましょう。あそびながら息の調節を覚えましょう。

サポートのコツ

水中めんこの作り方・使い方

ヌードルを1cm幅に切って作ります。油性ペンで子どもに絵を描いてもらうとより愛着がわきます。

実際にめんこを使って練習する前に、めんこの使い方を理解してもらい安全に使いましょう。とくに口に入れたり、かじるのは誤飲の恐れもあり危険です。

他にも、ゴールの目印にしたり、宝拾いの道具にしたり、さまざまな使い方ができます。

ヌードル

9 腕の池でブクブク
〔呼吸の練習〕

水中に口をつけられるようになったら、2人の腕で池をつくり、その中に顔を入れてみましょう。水中に顔をつけられたらブクブクと息を吐きます。

> **ねらい**
> ・水中に自分の顔をつけることができる
> ・決められた広い水面で息を吐くことができる

ステップ 1

 ●子どもと手をつないで池をつくる。「フー、ウッ、パ！」と言いながら顔を水につけて「苦しくなったら顔を上げてね」と伝える。

ステップ 2

 ●水中でブクブクと息を吐く。

 ●子どものタイミングで顔を上げてもらう。

> **ポイント**
> 慣れたら、顔を左右やりやすい方へ向けて、クロールの息継ぎのように横向きに呼吸する練習もしてみましょう。

> **サポートのコツ**
> 大きなプールに恐怖心がある子どもには、洗面器を使って練習することもできます。水の深さを目で見て確認できれば恐怖心も和らぎます。

Part 2 水の世界を感じる練習

51

10 水中にらめっこ〔呼吸の練習〕

水の中で呼吸をするためのステップです。水の中で口または鼻から息を出すことは重要です。まずは、「水中では息を止める」ところから慣れていきましょう。

ねらい
- 息が吐けるようになる
- 連続して息が吐けるようになる

ステップ 1

 子どもと目線を合わせ、「にらめっこしましょ、あっぷっぷ」のかけ声で子どもと一緒に沈む。

 くちびるまで水につかる。水中でブクブクと息を吐く。

ポイント

はじめからくちびるがつかな場合は、あご先からはじめて本人のペースに添って行ないます。

ステップ 2

子 ● 水中でブクブク息を吐いたら、勢いよくジャンプして浮き上がり、息を吸いまた沈む。

指 ● リズムよくできるよう声がけをする。

ポイント

リズムよく連続で行ない呼吸のタイミングを練習しましょう。この息を吐く・吸うことと、上下運動を合わせた動作をボビングと言います。

11 水中で拍手
〔水の音を聞く〕

水の中で音を聞く練習です。水中では、拍手をしても水が重たく音は出ません。しかし、片手をグーにすると不思議とおもしろく音が鳴ります。いろいろな音があふれる水中の世界で、1つの音に集中する練習です。

> **ねらい**
> ・水中で1つの音を集中して聞くことができる

指 ● 片手をグーに、片手をパーにして、空中で拍手する。

子 ● 指導者の手を見て、音を確認する。

指 ● 水中でグーとパーで拍手する。

子 ● もぐれるなら一緒にもぐって音を聞く。できたら一緒に拍手してみる。

> **ポイント**
> ①もぐれない場合は、水に耳をつけて音を聞きます。
> ②水中で鈴を鳴らしたり、いろいろな音を楽しんでみましょう。

Part 2 水の世界を感じる練習

53

12 水中でおしゃべり
〔水の音を聞く〕

水の中で自分の吐く息の音に集中してもらう練習です。ここまでできるようになると、呼吸を自在にコントロールすることができます。

ねらい
・目印がなくても、呼吸の量を体で調節できる
・息を吐く回数や時間を多く・長くする

ステップ 1

指
● 水の中で何と言うか水上で伝える。子どもの名前やあいさつなど、短い簡単な言葉からはじめるとよい。

ポイント
「お水の中でお話しできると思う？」と質問すると子どもの興味がわきます。

ステップ 2

（パンダ／パンダ）

指
● あらかじめ子どもに伝えた言葉を水中で言う。

子
● 水中で指導者と同じ言葉を言ってみる。

ポイント
①水中では大きく口を開きはっきり言った方がより聞き取りやすくなります。
②水中で話せるようになると息を吐くことに抵抗がなくなります。自然と水中にもぐる回数や息を吐いていられる時間が伸びてきます。慣れてきたら数字をカウントしてみましょう。

13 宝拾い〔もぐる〕

少しもぐれるようになったら、宝拾いにチャレンジ。

水中では目を開け、ものを見る練習をします。水面からの見え方と水中での見え方の違いを知ってもらいます。

> **ねらい**
> - 水中でものを見ることができる（ゴーグルの有無にかかわらず）
> - 水面での見え方と水中での見え方の違いを知ってもらう
> - プールの底のラインを確認する

Part 2　水の世界を感じる練習

ステップ1

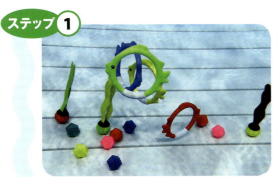

指 ● 水中に1人あたり2つの宝を沈めておく。宝の種類はいくつかあるとどんな子も楽しめる。素材、高さのあるものなどバリエーションがあるとよい（40ページ）。

子 ●「よーいドン」の合図で水中にもぐって拾ってもらう。

> **ポイント**
> 手を伸ばせば簡単にとれる長い棒や、しっかりもぐらないととれない輪っかなど、形状の異なる複数の宝を入れておくとよいでしょう。自然と深くもぐれるきっかけになります。

ステップ2

子 ●「よーいドン」の合図で拾う。2回ほどくり返す。

指 ● プールの底にラインが見えたか聞く。

ステップ3

子 ● 道具の片づけもチャレンジしてみる。

> **ポイント**
> 慣れてくると連続してもぐったり、一度にたくさん拾ってくる子どもも出てきます。楽しみながら自然と長く息を止めることができるようになります。

14 だるま浮き〔もぐる＋浮く〕

だるまのように背中を丸めて浮きます。体が突っ張りがちだったり、反り腰だったりする発達障害の子どもにはストレッチ効果があります。背中を丸めたり伸ばしたりして体の力が抜けると、気持ちよくプカプカ浮くので、楽しい練習です。

> **ねらい**
> ・首から背骨を丸めるストレッチができる
> ・水中でバランスをとる
> ・息を長く止める
> ・あごを引く

ステップ 1

子 ● 片足立ちになってから、ひざに頭を近づける。

ステップ 2

子 ● もぐったままもう片足を頭に近づける。背中を丸めて小さくなる。

> **ポイント**
> 慣れたら頭まですっぽりしまえる、丸い背中のだるま浮きをめざしましょう。指導者が背中をさすると力みがとれて丸くなりやすくなります。

ステップ 3

指 ● ゆっくり子どもから離れる。

56

15 お尻つき
〔もぐる＋沈む〕

自力で下に沈む技術は泳ぐときに自分の体をコントロールする際に役立ちます。体幹を使う運動です。

ねらい
- 水の中で自在に自分の体をコントロールできるようになる
- 体をリラックスさせる

Part 2 水の世界を感じる練習

ステップ 1

指 ● 子どもと向き合う。

ステップ 2

指 ●「せーの」「1・2の3」などのかけ声をかけ、ジャンプして沈む。

子 ● かけ声に合わせ、一緒にジャンプして沈む。ジャンプの勢いのまま垂直に沈み底にお尻をつける。はじめは浅くてもOK。

ポイント

息を吐きながらすると沈みやすくなります。余裕が出てきたら水中で数をカウントしてみましょう。

57

16 お腹つき〔もぐる＋沈む〕

プールの底にお腹をつけることは、お尻をつけることよりもぐっと難易度が上がります。もぐってから足を後ろに伸ばすことは自分の見えないところで自分の体をコントロールすることになります。少しむずかしいですが、チャレンジしてみてください。

ねらい
・水の中で自在に自分の体をコントロールできるようになる

ステップ 1

指 ● 子どもと向き合う。

ステップ 2

指 ●「せーの」「1・2の3」などのかけ声をかけ、ジャンプして沈む。

子 ● かけ声にあわせ、一緒にジャンプして息を吐きながら沈む。足を後ろに伸ばし、底にお腹がつけば OK。

1、2、3、4

ポイント
余裕が出てきたら水中で数をカウントしてみましょう。

17 自転車こぎ

自力で進む練習です。はじめは、子どもの真正面に立って指導者が後ろに進みながら行なうと、水流に乗って泳げます。慣れたら1人で泳ぎましょう。

ねらい
- 自分で泳ぐきっかけができる
- 将来クロールへつなげる

ステップ 1

指 ●「じてんしゃー」など、子どもにわかりやすい声がけで、足を楽に動かしてもらいます。

子 ●水に顔をつけて自転車をこぐように足を動かす。

ステップ 2

子 ●息継ぎをして進む。

ポイント
余裕があれば息継ぎをして、長く進めるようにうながしてみましょう。

サポートのコツ
このときの手の形は気にしなくてかまいません。足もどんな形でもいいので気にせず、まずは、足全体を使って、水をけり上げ、進んで動くことの楽しさを知ってもらいましょう。

Part 2 水の世界を感じる練習

59

18 大きくジャンプ 〔バランスをとる〕

ジャンプしながら手を上げたり横向きに進んだりとバランスあそびを楽しんでみてください。余裕がある場合、水中深くもぐってから頭で水を切るように勢いよく高くジャンプしてみましょう。陸上でジャンプしたり縄跳びしたりする動きにもつながります。

ねらい
・水と重力の両方の力がある中で自在に自分の体をバランスをとり、コントロールできるようになる

ステップ 1

子 ●大の字で立つ。

指 ●足裏全体で立っていることをチェックする。

ステップ 2

ポイント
水中でのジャンプは、飛び上がる直前に「ひざを曲げること」と「足裏で床を踏み切ること」を同時に行なうことがポイントです。水中では浮力が働くため、ひざを曲げられても足裏が床についていないと踏み切れないため、足裏がついているか見守ります。

子 ●ひざを軽く曲げてジャンプの準備をする。

ステップ 3

子 ●床を強くけってジャンプする。

サポートのコツ

足の裏を意識しにくいとき

❶足裏をごしごし床にこすったり、手で触ったりして、足裏の感覚をつかんでおきましょう。
❷はじめは足を見ながらやってOK！慣れたら前を向いてやってみましょう。

19 水中ケンケン〔バランスをとる〕

水中では水が体を支えてくれるため、ケンケンがしやすくなります。ケンケンしながら手を挙げたり横向きに進んだりとバランスあそびを楽しみましょう。

> **ねらい**
> ・水の中で体のバランスをとり、コントロールできるようになる

Part 2 水の世界を感じる練習

ステップ 1

子 ●その場でケンケンする。できるようになったらケンケンで前に進む。

ステップ 2

子 ●ケンケンで横に進む。

> **ポイント**
> プールのラインを目印にするとやりやすくなります。

ステップ 3

子 ●片足でその場で回転する。

> **ポイント**
> バランスがとりづらい場合は、子どもの腰か肩を支え、回転の補助をします。

20 ロケットあそび

水の中で踏み切ると、陸上と違いスローモーションのように感じます。力ではなく、体重移動によって踏み切れる練習をします。泳ぐための基本動作の1つです。

ねらい
- 足裏全体を使って踏み切ることができる
- 陸上で転びにくくなる

道具あり

ステップ 1

- 指 ● 子どもの足を下から支える。
- 子 ● ゴールを確認する。指導者の太ももの上に乗り、わき腹の下あたりにひざがくるまで曲げる。

ポイント
ひざは内股にならないように開き、足の親指も同じく外側に向けます。

ステップ 2

- 子 ● 顔を水面につけて準備する。

ステップ 3

- 指 ●「ロケット!」のかけ声でスタート。子どもの足の甲を上から抑えて踏み切るときの力加減を知ってもらう。
- 子 ● 踏み切って前に飛び出す。視線は一点を見つめ、バランスを保ち続ける。

ポイント
①上に飛び上がらず、前に向かってシューっと進むことを意識します。
②ヌードルを使ってもできます。

道具なし

ステップ 1

指 ● 子どもの足を下から支える。

子 ● 指導者の太ももの上に乗り、わき腹の下あたりにひざがくるまで曲げる。

ステップ 2

指 ●「ロケット！」のかけ声でスタート。

子 ● 顔を水面につけて準備し、かけ声が聞こえたら踏み切って前に飛び出す。

> **ポイント**
>
> 上に飛び上がらず、前に向かってシューっと進むことを意識します。できるかぎり遠くまで行けるようチャレンジしてみましょう。

太ももの上に乗ってもらうワケ

　水泳は、壁をけってスタートすることがありますが、足首などが固い子にとっては上手くいかないことが多く、またスタートしても反り腰になりやすく正しい姿勢をつくれません。

　体の使い方を知ってもらうために、また腰を痛めないためにも、床からスタートするか、指導員の太ももを台にして練習しましょう。

　指導員の太ももを踏み台にすれば、足の踏み込みが足りないのか、片足ずつバラバラにけっているのか、足を踏み込まずに離してしまっているのかなど、子どもの弱点ポイントがわかります。

Part 2　水の世界を感じる練習

21 コロン！と回転
〔浮く＋向きを変える〕

水面で水平姿勢になっている状態で体を回転してみます。足を床につけずに回転して、自在に呼吸することができれば、万一のときにも、役立ちます。

ねらい
- 水の中で体の向きを変えられる
- 力みを抜く

頭側からサポートする場合

ステップ1

- 指●頭を支える。
- 子●仰向けの状態で浮く。

横からサポートする場合

ステップ1

- 指●背中、腰を支える。
- 子●仰向けの状態で浮く。

ポイント 腕は下ろした状態でも「大の字」の姿勢でもどちらでもOK。腕が広がっている方が、うつ伏せになったときに沈みにくく、腕の重さで回転の勢いがつきます。

ステップ2

- 子●顔の向きを変える。やりやすい向きでかまわない。

ステップ2

- 子●顔の向きを変える。やりやすい向きでかまわない。

頭側からサポートする場合	横からサポートする場合
ステップ ③	ステップ ③

指
- おもに肩など子どもがいやがらないところを補助しながら、顔が向いた方へ回転させる。

子
- 息を吐きながら、胴体をコロン！と回転し、うつ伏せの状態になる。

指
- おもに腰など子どもがいやがらないところを補助しながら、顔が向いた方へ回転させる。

子
- 息を吐きながら、胴体をコロン！と回転し、うつ伏せの状態になる。

ポイント
①頭を回転する方向に向けます。
②少し推進力をつけるとコロンと回転しやすくなります。
③余裕があれば、下向きからさらに上向きに戻るところまで一回転してみましょう。

サポートのコツ
　表と裏をひっくり返す「おせんべ、おせんべ、やけたかな」の歌をうたうとイメージしやすくなります。

Part 2　水の世界を感じる練習

22 はじめてのけのび

けのびはすべての泳ぎの基本です。体の余分な力を抜いて浮きます。万一のときに溺れないようにするための大切な練習でもあります。けのびをしているときの体の状態を感じてもらい、大きな波にも負けないバランス感覚を養います。

ねらい
- けのびの姿勢ができる
- 水中で体をまっすぐにキープできる
- 波に乗る気持ちよさを感じる

ステップ 1

指 ●「顔をお水につけるよ」と伝える。

子 ● 水面の方を向く。

ステップ 2

指 ● 手を引くことを伝え、子どもが浮いてから少しだけの距離をやさしく手を引く。

ポイント
まずは上半身が横になって浮ければOK。スタートの仕方に慣れてもらいます。

ステップ 3

指 ● 後ろに下がりながら水流をつくりながら「足先（つま先）を伸ばしてごらん」と伝える。緊張がとけるとじょじょに足が伸びていく。

子 ● 足は肩幅に開き、楽な状態で伸ばす。

ポイント
慣れてきたころにひざも伸ばすよう伝えます。足が伸びづらい（だるま浮きになっている）子どもは、泳いでいるときにひざ裏を触ってあげると足が伸びやすくなります。

23 1人でけのび

1人でけのびにチャレンジです。壁をけってスタートすると足から沈んだり腰が反ったりして、けのびの姿勢が崩れやすくなってしまいます。床からスタートすることで腰に負荷のかからない、体幹を使ったきれいなけのびをめざします。

ねらい
・自分でけのびができる

ステップ 1

子 ●肩まで入って腕を伸ばす。

ポイント
手の位置は体のバランスがとりやすい位置に。水面より20cm程度下でもOK。

ステップ 2

子 ●顔をつける。

ステップ 3

子 ●ゆっくり足を伸ばす。

ステップ 4

子 ●床を見ながら足をつき、頭を上げる。

ポイント
頭を先に上げようとするとかえって立てなくなります。

Part 2 水の世界を感じる練習

24 自由に 25m
〔「スタート」と「ゴール」の練習〕

　あらかじめ「スタート」や「ゴール」の合図と位置を、具体的に決めておくとよいでしょう。指導者の「よーい、スタート！」という合図で泳ぎをスタートし、壁にタッチしたら「ゴール！」で、そこで泳ぐのをやめることを覚えます。

　いつも同じ声がけであれば、子どもも理解しやすく、また指導者の指示や声がけがあってから泳ぐことを身につけてもらうことで、泳者同士の衝突などの事故の可能性も低くなります。

> **ねらい**
> ・スタートとゴールの合図を覚える
> ・Part 2の「水の世界を感じる練習」方法で、（泳ぎ方は何でもよい）25m 泳ぎ切る

ステップ 1

 できれば 25m のスタート・ゴール・中間地点で数名で見守る。

「スタート！」の合図でスタートし、得意な泳ぎで 25m 泳ぎ、壁にタッチしてゴール、泳ぎをやめる。

・息が苦しくなったら途中で立っても OK。慣れてきたらできるだけ立つ回数を少なくする。

まっすぐ泳ぐひと工夫

　泳ぐ前にプールの中や底に目標となるものを決めておきましょう。

　プールのラインの上を泳ぐように伝えたり、途中にフラフープや宝拾いの宝を沈めておくと、楽しみながら 25m 泳ぎきる練習にもなります。

Part 3

泳ぎに つなげる練習

水慣れで体をたくさん動かしたら、
1つひとつのポーズを泳ぎにつなげる練習に入ります。
「泳ぎ」というとつねに動くイメージがあるかもしれませんが、
ポーズとポーズの間には、
つぎのポーズへ移るための「かまえ（タメ）」があります。
他にも見えないコツがたくさんあり、
それらがつながって「泳ぎ」になっています。
つぎのポーズに移るための「かまえ」が自然とできるように、
1つひとつの泳ぎの姿勢を分解し、
スモールステップで練習します。

1 クリオネ泳ぎ（両手）
〔背泳ぎにつなげる練習〕

将来の背泳ぎにつなげる泳ぎです。まずは自分の体がどうなっているのか、自分の手や腕の動きを1つひとつ確認しながら、イメージを作ります。水中を舞うクリオネのように、水面を気持ちよく進むことを体験します。

ねらい
・腕を回してもバランスがとれるようになる

補助あり

ステップ 1

指 ● 子どもの後頭部に手をやさしく添え、浮くのをサポートする。

子 ● 気をつけの姿勢で上を向いて浮く。

ポイント
目線は完全に天井へ向けます。

ステップ 2

子 ● 浮いたまま両手で「小さく前ならえ」をする。足はまっすぐ伸ばします。

ポイント
足は肩幅くらいまで開いてもよい。

ステップ 3

子 ● 上げた腕を横に開きます。

ステップ 4

子 ● 両手で水を足の方へシューっと押す。このときに水面をビューンと進む感覚をつかむ。足はリラックスさせる。腕を横まで戻して同じ動きをくり返す。

ポイント
①よく進む腕の位置を探してもらいましょう。
②慣れてきたら少しずつ腕を伸ばして、「バンザイ！」できるくらい遠い手の位置をめざしてみましょう。
③不安なときはヌードルを入れて練習するのもよいでしょう。

補助なし

ステップ 1

子 ● 気をつけの姿勢で上を向いて浮く。

ポイント
軽くキックしてバランスをとってもOK。

ステップ 2

子 ● 手先を天井に向けます。

ステップ 3

子 ● 腕を横に開き、そのまま水を足の方へシューっと押す。このときにビューンと水面を進む感覚をつかむ。腕を横まで戻して同じ動きをくり返す。

Part 3 泳ぎにつなげる練習　背泳ぎ

2 リズミカル腕回し
〔背泳ぎにつなげる練習〕

将来の背泳ぎにつなげる泳ぎです。「肩から回す」「腕を伸ばす」「腕を大きく使う」動きですので、より左右のバランスを保つことを求められる泳ぎですが、チャレンジしてみましょう。

ねらい
- 目印に向かって腕をまっすぐ伸ばして回せる
- 回してもバランスがとれるようになる

腕を目印に向かって回す

ステップ 1

子 ● 気をつけの姿勢で上を向いて浮く。

ポイント
目線は完全に天井へ向けます。

ステップ 2

指 ● 腕を上げてほしい位置に手を差し出し、目印を作る。

子 ● 指導者の手がある場所をめがけて片腕をポーンと上げる。

指 ● 目印まで腕が上がってきたら、その腕をつかんでサポートする。

72

ステップ 3

指 ●腕が着水するところまでリードする。

子 ●腕で水を足の方へシューっと押す。このときにビューンと進む感覚をつかむ。腕を横までもってきて左右交互にくり返す。

目印なしで回す

ステップ 1

子 ●気をつけの姿勢で上を向いて浮く。

ステップ 2

指 ●肩から回してもらうため、肩の下をサポートします。腕のつけ根をすくいあげるように介助する。

子 ●腕をポーンと上げる。

ステップ 3

指 ●腕が着水するところまでリードする。

ステップ 4

子 ●手で水を足の方へシューっと押す。このときにビューンと進む感覚をつかむ。左右交互にくり返す。

ポイント 腕をすっと回せるように練習しましょう。子どもの頭か肩甲骨の間辺りを支えながら行なうと体勢が安定します。

Part 3 泳ぎにつなげる練習 背泳ぎ

3 大きく腕回し
〔背泳ぎにつなげる練習〕

腕を回そうとすると、腰が反ってうまくキックができなかったり、体がぐらついてしまう子どもがいます。目線を定め、バランスをとりながら腕を回す練習です。

ねらい
・腕を大きく回してもバランスがとれるようになる

ステップ 1

指 ●手またはビート板を子どもの顔の上に出して、タッチして回すように伝える。

子 ●ビート板にタッチしながら腕を回す。

ポイント
ビート板に描かれている絵柄や数字を触ってもらうようにすれば、子どもの目線が定まりやすくもなります。

サポートのコツ

腕を回そうとすると、腰が反ってキックがうまくできなかったり、体がぐらついてしまうことがあります。「クリオネ泳ぎ」(70ページ)に戻って、背浮きの水平姿勢を思い出しましょう。足や腕など、体を動かしている方へ気が向いてしまいがちですが、胴体をしっかり安定させることを意識させる声がけをしましょう。

4 温泉キック〔キックの練習〕

足は自分から見えないので意識を向けて動かすのがむずかしいものです。「足の甲でボールをけり上げるように」「準備体操のときに足首をブラブラするみたいに」など、具体的なイメージで伝えます。はじめは、水面に置いた指導者の手を目印に、足の甲で水をけり上げる感覚をつかんでもらいます。

ねらい
- 足首をやわらかくしてキックができる

ステップ 1

 子どもの足先の方に立ち、水面に手を置く。「足を手にタッチしながら、キックしてね」と伝える。

 上向き水平姿勢で泳ぐ。自分の体の厚みくらいの幅で、足の甲でボコボコ温泉が湧くようにキックする。

ポイント
①キックの練習の際、腰が沈んでしまったり、体が左右にぶれたりすることがよくあります。水平姿勢をキープすることを最優先に練習をします。
②腕は上に伸ばしても、下げていてもかまいません。

サポートのコツ
ヌードルを脇にはさみ、足を見ながらキックする練習からはじめてもよいでしょう。

水がもり上がる形になっているかな？

Part 3 泳ぎにつなげる練習　背泳ぎ

75

5 ゆったり背泳ぎ〔完成形〕

いよいよ腕の動きと足の動きをつなげて背泳ぎにチャレンジです。リズムよく腕が回るためには、呼吸が大切です。普段通りの呼吸のリズムに合わせながら、体を動かし泳ぎます。

ねらい
- リラックスして背泳ぎができるようになる

ステップ 1

- 気をつけの姿勢で上を向きながら背浮きをし、片腕を上げる。

ポイント 水中と同じように口で呼吸を続けましょう。

ステップ 2

- 上げていない反対の腕のひじを伸ばして回す準備をする。

ステップ 3

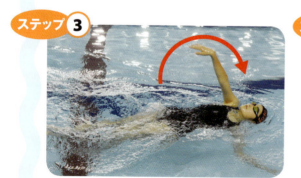

- 反対の腕を天井をめがけてまっすぐ上げ、頭の後ろまでスルリと回し、小指から自然と水中へ入れる。

ステップ 4

- はじめに伸ばしていた腕で太ももまで一気に水をシューッと押す。はじめから腕をまっすぐ上げようとしなくてもOK。慣れてくると少しずつ体でバランスをとれるので、まっすぐ上げらるようになります。

ポイント 頭が左右に揺れないように首をまっすぐキープする。腕だけではなく体全体がのびのび動くことをめざす。

2つ以上の動作をつなげるとき

　どんな泳ぎも腕の動きと足の動きの組み合わせでできています。発達障害や知的障害のある子どもの中には、体のパーツを別々に動かしたり、連動して動かすことが苦手な子が多くいます。

　それぞれの動きを個別に練習したあと、それらを組み合わせて泳ぐ練習が必要です。子どもの特性を理解し取り組んでみましょう。

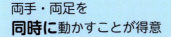

　平泳ぎやバタフライはキックでタイミングを取ると、姿勢が安定します。足の動作をくり返して気持ちよく進んでから、腕の動作を1度やるといった練習をすると、むりなく楽しみながら進む感覚を身につけられます。

　クロールや背泳ぎは、右半身と左半身をくり返す方がやりやすい子どもと、右手を回してからキックをするなど上半身と下半身を交互に泳ぐ方がやりやすい子どもといるので、子どもが理解しやすい組み合わせで練習をしましょう。

　前に進むようになると、無意識に子ども自身がリズムよく動けるようになります。

6 ロケットキック
〔平泳ぎにつなげる練習〕

平泳ぎのキックは、「ロケットあそび」を連続した形です（62ページ参照）。上にジャンプするときの足の動きを、そのまま体を水平にして行なうと平泳ぎの足の形に近くなります。平泳ぎのキックで大切な「足の向き」と「ひざの曲げ方」を学びます。

ねらい
- 力に頼らず体重移動をスムーズにできる

ステップ 1

- 指 ● ヌードルを準備する。子どもの手に添える。
- 子 ● ヌードルをお腹にまきつけ、けのびの状態で浮く。

ポイント
サイズが合っていないビート板を使うと腰が反ってしまうので、ヌードルの方がよいでしょう。

ステップ 2

- 子 ● 足は肩幅くらいまで開いてよい。ひざを軽く曲げ、そのままお腹側にひきつけキープします。かかとはお尻に近づけます。

サポートのコツ：あおり足にならないようの注意

あおり足とは、足の甲で水をけってしまうことです。足を開き過ぎたり、上げ過ぎたりすると起こります。

ステップ 3

指 ●自分の腹筋に力を入れて立ち位置がずれないようにし、子どもがけって進む動きを感じて後退する。

子 ●足裏で水を押す。

> **ポイント**
> 指導者は自分で前進したり、後退しないようにします。子どもが水を押して進んでいる感覚をつかめません。

ステップ 4

子 ●キックしてビューンと進み、足を自然と閉じる。

Part 3 泳ぎにつなげる練習 平泳ぎ

サポートのコツ

キックの補助

　子どもの足を下から持ち、ひざをお腹の下にもっていくよう声がけをします。指導者の手のひらを子どもが足の裏で踏み込んで前に進みます。お腹の下まで足を持って行き、あおり足を防ぎます。「曲げて、タメて、ける」などの声がけで行なうと、より「タメ」を意識しながら泳げるようになります。

79

7 ハの字に開いていただきます
〔平泳ぎにつなげる練習〕

平泳ぎでは、両手で水をかき分けて前へ進みます。手の動きは、「丸くかき込むように」などいろいろな表現がありますが、ここでは「ハの字に開いていただきます」と練習します。

> **ねらい**
> ・手に水を引っ掛けて開く、閉じるの動作ができるようになる

ステップ 1

指 ● 子どもの前に立ち、子どもが手のひらに水があたる感覚をつかめるよう、手首のあたりに軽く手を添える。

子 ● 手のひらを下にして腕を伸ばし、水平姿勢で浮く。

ステップ 2

指 ● 子どもの手の甲に手を添え、腕をハの字に開く。

子 ● 小指を上にして、腕を伸ばしたまま肩幅程度開く。

サポートのコツ

ほほをはさみ、手首を折って小指を少し上げることを意識すると、軽い力で腕を動かしやすくなります。子どもの頭を12時として、10時と2時の位置まで開きます。

親指を下、小指を上に

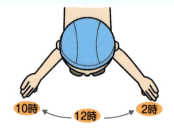

10時 ← 12時 → 2時

ステップ 3

いただきます

子 ●両脇をしめながら、両腕を胸の前に持ってきて「いただきます」の形をつくります。

ポイント

脇をしめながら腕を胸の前に持っていきます。

ステップ 4

子 ●両腕を前に伸ばしてけのびの姿勢になる。

ポイント

できるようになったら、ヌードルを外して挑戦してみましょう。

Part 3 泳ぎにつなげる練習　平泳ぎ

サポートのコツ

　腕を広げる幅は、プールサイドから手をついて上がるときの幅を基準しましょう。この幅を感覚的に覚えるために、プールサイドに手をついて上がる練習をしてみましょう。いつも同じ動作ができれば、安定した泳ぎにつながります。

プールサイドから手をついてあがる幅が一番自然と力が入る

81

8 ゆったり平泳ぎ〔完成形〕

水平姿勢を保ちながら腕と足を交互に動かすのは、とてもむずかしいことです。「ロケットキック」「ハの字に開いていただきます」を順番に行なうことで平泳ぎの流れがつかめるようになります。いよいよ腕と足の動きを合体してみましょう。

ねらい
・自力で平泳ぎができる

ステップ 1

子 ● けのび姿勢になります。

ステップ 2

子 ● 小指を上にして、腕を伸ばしたまま肩幅程に開く。

ステップ 3

子 ● 両腕を開き、呼吸の準備をする。両手で水を引っかける感じで体の方へ持ってくる。呼吸のタイミングは手を開きはじめたときです。

ステップ 4

 ●両脇をしめながら、腕を胸の前に持ってきて「いただきます」をつくる。足は引く。

ポイント

慣れてきたら水が体を押し上げてくれる感覚を感じられます。自然とあごが水面まで上がるので息継ぎができます。

ステップ 5

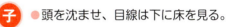 ●頭を沈ませ、目線は下に床を見る。

ステップ 6

●足裏で水をけり、足を閉じてけのびの姿勢になる。

Part 3 泳ぎにつなげる練習 　平泳ぎ

平泳ぎの腕と足のタイミング

　平泳ぎの腕と足はほぼ同時に動かしているように見えますが、じつは微妙にずれています。まったく同時に動かそうとすると、腰が反って沈んでしまうからです。最初に腕を動かしはじめ、最後は腕と足が同時にまっすぐけのびの姿勢になるのが理想です。

　このタイミングをつかむために、腕と足をあえて独立させて順番に動かす練習をします。子どもが泳ぎに慣れてきたら自然と腕と足を同時にまっすぐ伸ばしてけのび姿勢になれるタイミングをつくれるようになります。

9 イルカ飛び
〔バタフライにつなげる練習〕

イルカ飛びはバタフライに必要な背骨や骨盤の自然な動きを引き出すための練習です。はじめはフラフープやヌードルなどの道具を使うと、自然と腰を上げられるようになります。慣れてきたら道具なしでも挑戦します。スルッと気持ちよくフラフープを通り抜けてみましょう！

ねらい
- 1人でイルカ飛びができるようになる
- 背中や肩回り、腰のこわばりがとれ疲れにくくなる
- 将来のバタフライへつなげる

フラフープを使う

ステップ 1

子 ● 肩幅に広げた腕を水面にふんわり浮かせ、フラフープの輪の中に手を重ねる。顔をぺったり水につける。ひざを軽く曲げてジャンプの準備をする。

ステップ 2

指 ● 子どもがジャンプしにくいようなら、ジャンプする方向へ、首の後ろや肩甲骨の間を軽く押す。

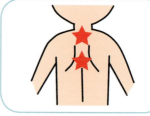

子 ● 顔を水面につけたまま手先をななめ下に伸ばしながらジャンプする。あごを引き、前傾姿勢のまま底に手を伸ばす。

ポイント
体が2つ折りのような姿勢になります。真下ではなくななめ下に向かってジャンプしてみましょう。

ステップ 3

子 ●お尻や太ももの裏を水面に浮かせるようにしてフラフープを抜けてもぐる（手が床についてもOK）。

ステップ 4

子 ●目線を水面に向け、頭を起こして体を上げ自然に立つ。

フラフープイルカ飛びの流れ

ステップ①・②　　　ステップ③　　　ステップ④

サポートのコツ

　ジャンプをするとき、はじめのうちは上に飛んでしまいがちです。はじめから水面に顔をつけていると、自然とななめ下にジャンプする感覚を体で覚えやすくなります。

　背中や首が固い子どもは、自然とうねることができるように、「背浮きのリラクゼーション」や「首のストレッチ」「だるま浮き」から取り組むとよいでしょう。

Part 3　泳ぎにつなげる練習　バタフライ

85

ヌードルを使う

ステップ 1

子 ● ヌードルを前から両脇にはさみ、腕を肩幅に広げ水面にふんわり浮かせる。

ステップ 2

子 ● 顔をぺったり水面につける。足裏を床につけたままひざを軽く曲げ、ジャンプの準備をする。

ステップ 3

子 ● 顔を水面につけたままななめ下へ向かって軽くジャンプする。お尻や太ももの裏を浮かせるようにして、ヌードルに足がひっかからないように通り抜ける。床に手がついてもOK。

ステップ 4

子 ● 目線を水面に向け、頭を起こして体を上げ自然に立つ。

9 イルカ飛び
〔バタフライにつなげる練習〕

道具なし

ステップ 1

子 ●腕をまっすぐ伸ばし、水面にふんわり浮かせる。

ステップ 2

子 ●顔をぺったり水面につける。足裏を床につけたままひざを軽く曲げ、ジャンプの準備をする。

ステップ 3

子 ●顔を水面につけたままポンと底をけり、ななめ下へ向かって水中に入る。床に手がついてもOK。

ステップ 4

子 ●目線を水面に向けて、頭を起こして体を上げ、自然に立つ。

Part 3 泳ぎにつなげる練習 バタフライ

10 キックして腕回し
〔バタフライにつなげる練習〕

手と足の動きをつなげる練習に入ります。キックを打ってから腕を回すという順番で行ないます。リズムよくキックを打ち、タイミングよく腕がスルリと回ることをめざします。

ねらい
・リズムよくキックできる
・足と手を順番に動かすことができる

ステップ1

- 指 ●子どもの正面に立つ。
- 子 ●水面に体をふんわり浮かし、前にまっすぐ腕を伸ばす。小指を天井に向けておく。

ステップ2

- 子 ●両足をそろえ足の甲で小さく4回連続でキックする。
- 指 ●軽く子どもの腕を支える。

サポートのコツ

キックは、両足をそろえた状態で両足同時に、足の甲で水を後ろに押し出すイメージで行ないます。キックの大きさは、自分の体の胸板程度の大きさと伝えるとわかりやすいでしょう。いつも変わらない自分の体を基準にすると理解しやすくなります。

88

ステップ 3

指 ●体がT字になるよう腕を広げる。ひじの横を軽く押すと、腕が伸びやすくなる。

子 ●腕を開いて横に広げる。

ポイント
水面で腕を動かすとき、小指を上にすると、力をかけないで腕を動かすことができます。

ステップ 4

指 ●腕が水面から上がるようサポートする。

子 ●小指から水面に腕を上げる。

ステップ 5

子 ●腕を閉じてけのびの姿勢になる。

ポイント
①頭のてっぺんはいつもゴールの方を向いているようにしましょう。
②腕を閉じるときは、手のひらを意識して水面近くを滑るように戻すと、腕が軽く感じられます。

サポートのコツ

　ステップ①〜⑤がスムーズにできるようになったらキックを4回、3回…とじょじょに減らし、最後はキックを2回したら1回腕を回すことをゴールにします。足と腕のタイミングが自然とつかめて、バタフライになっていきます。
　余裕があれば、水中で目線を3mほど先のななめ上の水面に向けるように練習しましょう。自然と頭が上がり、「パッ」と息を吸えるようになります。

Part 3　泳ぎにつなげる練習　バタフライ

11 イルカ飛びから腕回し
〔バタフライにつなげる練習〕

　イルカ飛びから、体が浮き上がるタイミングで一気に腕をスルリと回す練習です。タイミングが合うと勢いよく軽く一回転することができます。何度もチャレンジしてみましょう。

> **ねらい**
> ・バタフライの腕を回すタイミングをつかむ
> ・腕が回ったあとに体が「伸びる」ことを意識してもらう

ステップ 1

子 ●ひじを伸ばし水面に腕をふんわり浮かせる。

ステップ 2

子 ●顔を耳までぺったり水面につける。

ステップ 3

子 ●顔を水面につけたまま両足でポンと底をけり、ななめ下へ向かって水中に入る。

ステップ 4
子 ●足先まで体が水中に入りきったところで、前にある腕をももの横までシューッとかく。

> **ポイント**
> 無意識に何度もキックしてしまう子どもには、キックは1度だけと伝えます。

ステップ 5

 ● 体が水面近くに浮き、肩先が水面から出たら、腕を太もも横から肩幅までスルリと回してきます。

ポイント

①頭のてっぺんはいつもゴールの方を向いているようにしましょう。
②腕を回すときは、手のひらを意識して水面近くをすべるように持ってくると、腕が軽く感じられます。

ステップ 6

 ● 前に伸びる。

　バタフライは、肩先が水面から一瞬出たときが腕を回すタイミングです。肩が水中にあると、水の重さで腕が水面へ上げられず、ひじが曲がってうまく回せません。イルカ飛びで浮き上がるときに、頭で水を押すように前に進んでいく感覚を持てるよう練習し、腕を回すタイミングをつかみましょう。

Part 3 泳ぎにつなげる練習　バタフライ

12 片手バタフライ
〔バタフライにつなげる練習〕

今度は1人で片手ずつ腕を回して練習します。利き腕、反対の腕、両腕の順に泳いで感覚をつかみます。腕は、クロールのように下にかくのではなく、横に開くように回します。

> **ねらい**
> ・バタフライの腕の使い方の感覚をつかむ
> ・腕は下ではなく横に開いてかくことができる

ステップ 1

子 ● 腕をふんわり前に伸ばし、下向き水平姿勢になる。手は重ねても肩幅に開いてもよい。

ステップ 2

子 ● 腕を前に伸ばした状態で2回キックする。

ステップ 3

子 ● 利き腕で八の字を描くように水をかく。

ポイント
手の角度は小指を天井に向けて。

ステップ 4

 ●腕を横にかき、小指から腕を出してくる。

ステップ 5

 ●腕を前に戻して、前方へ体を伸ばす。ステップ②のキックに続く。慣れたら、左右交互・両手と順番にやってみる。

腕を戻すときは親指が下です。

サポートのコツ

バタフライの腕の形

バタフライの腕の軌道には、ストレート型とかぎ穴型と言われる2つのパターンがあります。子どもが、水をとらえやすい方法で泳いでもらいましょう。

●**ストレート型**

腕を前から後ろへまっすぐ水をかきます。スピードは出ますが力がいる方法です。

ストレート型

●**かぎ穴型**

ひじを曲げてかぎ穴のような軌道を描きながら水をかきます。体への負荷が少ない方法です。子どもは呼吸をしようとしてお腹の下まで深くかき過ぎてしまうことがよくあるので横に腕をかくよう練習しましょう。

かぎ穴型

Part 3 泳ぎにつなげる練習 バタフライ

13 ゆったりバタフライ〔完成形〕

いよいよバタフライを泳いでみましょう。両手・両足が同時に動くので子どもにとってわかりやすい反面、リズムをつかむのに時間がかかるかもしれません。心の中でキックを数えながらやると、落ち着いてできます。バタフライが泳げると自信になります。

ねらい
・波にのって気持ちよくバタフライを泳ぐ感覚をつかむ

ステップ 1

子 ●けのびからスタートする。

ステップ 2

子 ●腕を伸ばしたままキックする。

ステップ 3

子 ●腕を開きながら2回めのキックをする。

ステップ 4

子 ●腕を回したら下を向き体を伸ばす。ステップ②〜④をくり返す。

ポイント

慣れてきたら少しずつ体を伸ばして大きな泳ぎでできるように練習しましょう。実際に泳ぐと推進力がついて腕が後ろにいきがちなので、左腕を時計の9時、右腕を3時の針の位置に開く意識を持つと、腕をかきすぎることなく泳げます。

14 右手右足・左手左足
〔クロールにつなげる練習〕

右手右足、左手左足を同時に出す歩きで、右半身と左半身でバランスをとれる体をつくっていきます。肩まで水に浸かった方が歩きやすいので、身長が足りない子や不安がる子は、プールフロアの上や浅いプールで肩まで浸かってやってみましょう。

> **ねらい**
> ・左右交互に体重移動することに慣れる
> ・肩を交互に前に出す動きになれる

指 ●手のひらを上にして、その上に子どもの手のひらを合わせてもらう。

子 ●体を楽にして立つ。腕は肩幅に広げ、肩の位置より少し下に下げ、指導者の手に自分の手を重ねる。

ポイント

水面が肩か肩より少し下にくるくらいがちょうどいい高さです。

指 ●子どもが歩きながら体重をかけてくるのを感じる。つねに腕を子どもの肩幅より外側に、やや水面より深く伸ばすようにサポートすると体重がかけやすくなる。

子 ●左腕と左足を左ななめ前に出し、「おっとっと！」と倒れそうになるまでキープする。ぎりぎりまで体重をかけたら、右腕と右足を右ななめ前に出す。

ポイント
①足の親指に体重をのせるようにします。
②手だけではバランスがとりにくい場合は、ひじ、肩を持ってサポートします。

ステップ 3

子 ●サポートなしで右手右足、左手左足と同時に出しながら歩く。

ポイント

腕を長く伸ばすことを意識し、足は一歩ずつ床を踏みしめるように歩きます。

Part 3 泳ぎにつなげる練習 クロール

15 おっとっと！で浮く
〔クロールにつなげる練習〕

　1人で右手右足、左手左足の歩きができたら、そのままふんわり浮いてみましょう。肩までつかる深さで行ないます。身長が足りない子や不安がる子は、プールフロアの上や浅いプールで肩まで浸かってやってみましょう。

ねらい
・片手のけのびで浮き左右のバランスがとれる

ステップ 1

子 ●片腕を前に出し体を半身ずつ使う水中ウォーキングを数回続ける。

ポイント
目線をゴールに向けておくと、少しずつ首がストレッチされ肩先が前に出やすくなる。

ステップ 2

子 ●「おっとっと！」と前に倒れ込み、そのまま顔を水面につける。床についていた片足をかかとからつま先の順に離し、ふわりと浮く。

ポイント
①おでこを意識して水面に顔をつけると浮きやすくなります。顔が前を向いたままだと、下半身が沈んだまま浮きにくくなってしまいます。
②肩幅よりななめ外側に、下の方へ腕を伸ばします。

16 片手けのび
〔クロールにつなげる練習〕

クロールで片腕を前に伸ばす姿勢は、推進力がある中でバランスをとらなければならないため、姿勢が崩れやすくなります。右半身・左半身でバランスをとる練習をし、腕や足を動かしたときにぶれないことをめざします。

ねらい
・半身ずつ体を使ってバランスを保てるようになる

ステップ 1

子 ● 片腕を伸ばす。

ステップ 2

子 ● あご先→おでこ→耳の順に水につける。

ポイント 完全に隠れるまで耳が水に入っている方がけのびがしやすいです。首元から背中は水面から上に出ている程度です。

ステップ 3

子 ● 腕を伸ばしながら、けのびをする。反対の腕も行なう。

ポイント ジャンプではなく、前にすべっていくイメージで行ないます。このとき反り腰にならないよう注意します。

サポートのコツ

伸びている腕の位置は？

一番バランスがとりやすく、進む腕の位置は、子どもによります。指導者は子どものやりやすいところを一緒に見つけましょう。

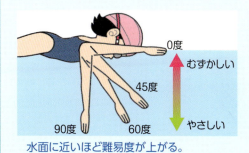

水面に近いほど難易度が上がる。

Part 3 泳ぎにつなげる練習 クロール

97

17 連続で片手けのび
〔クロールにつなげる練習〕

腕をリズムよく左右交互に、連続で片手けのびをする練習です。曲げたり伸ばしたり、腕を動かしながら、体がぶれないでバランスよく泳げるようになりましょう。

ねらい
- 腕を前後に伸ばせる
- 体のバランスを保つ

ステップ 1

子 ● 腕を肩幅に開き、けのびをする。目線は真下を向く。

ポイント
苦しくなったら立っていいことをあらかじめ伝えておきましょう。

ステップ 2

子 ● 右腕を伸ばしたままゆっくり左腕を曲げる。

ポイント
腕は、体のバランスがとりやすいよう、はじめは腕を水面より下の方へ、慣れてきたら水面近くで伸ばします。

ステップ 3

子 ● ゆっくり左腕を戻す。最初のけのびの状態に戻る。

ステップ 4

子 ● 反対側の右腕も同じように行なう。

ポイント
足はけのびのままでも、少し動かしていてもかまいません。

18 シューッと片手けのび
〔クロールにつなげる練習〕

体が浮いている状態で腕を動かす練習です。腕をかくとシューっとよく進むポイントがあります。子どもが見つけられるまで角度やスピードを変えながらやってみましょう。

ねらい
- 体のバランスがとれる
- 体が前に進むポイントを見つける

ステップ 1

子 ●肩幅に両腕を広げ、水面に浮かべる。

ステップ 2

子 ●顔を水につける。耳まですっぽり水の中に浸かった状態にする。

ステップ 3

子 ●けのびをして浮く。

ポイント
床を少し両足で強めに踏み込み、推進力をつけるとやりやすくなります。

ステップ 4

子 ●ほうきで掃くように腕でシューっと下の方向に水をかき、片腕のけのびのときの姿勢になる。止まったら立つ。反対の腕も行なう。

Part 3 泳ぎにつなげる練習 クロール

19 横向きけのび〔クロールにつなげる練習〕

1人でいきなり顔を横に向けて息継ぎをするのは不安です。一緒に練習するステップを踏みます。

ねらい
・横向きで泳いでもバランスがくずれない

2人で横向きに浮く

ステップ1

指 ●向かい合って子どもの腕をよく伸ばす。「先生のマネをしてね」と言うと、わかりやすい。

子 ●浮いている腕の力をふっと抜く。

ステップ2

子 ●指導者と同じ方向に頭を傾けて水面に耳をつける。

ステップ3

子 ●頭を倒した方に腕を伸ばして、そのまま一緒に横向きのけのびをする。

1人で横向きに浮く

ステップ 1

 ●片腕を伸ばして後頭部を水につける。

ポイント

後頭部が水面につくと上向きになりますが、クロールを泳いだ時息継ぎで頭を前に上げてしまうことを防ぐ練習になります。

ステップ 2

 ●上を向いた姿勢のまま静かに浮く。

ポイント

ジャンプすると顔に水がかかってしまうので注意します。

壁を使って1人で

ステップ 1

 ●片手で壁につかまりもう一方の腕を伸ばして、片方の耳を水につける（不安な子どもは上を向いて後頭部）をつける。目線は横になるように意識する。

ポイント

固定されたところからスタートする方が安心する子どもにおすすめのやり方です。

ステップ 2

 ●壁をやさしくけって横を向いた姿勢のまま進む。

ポイント

ゴールに指導員が立つなど目印があるとよりやりやすくなります。少しずつ距離を伸ばしていきましょう。

20 肩から腕回し
〔クロールにつなげる練習〕

　クロールで腕を回す際、肩から大きく回して伸ばす練習です。1つひとつの動作を順番にくり返せば泳ぎにつながることを体感します。

ねらい
・腕を大きく回す
・腕を伸ばして進む

ステップ 1

子 ● けのびをする。

指 ● 腕を支える。

ステップ 2

子 ● 腕をシューッと水をかき、片手けのびの姿勢になる。

指 ● 後ろに腕が伸びたら下から腕を支え、腕回しのサポートをする。

ステップ 3

指 ● 子どもの肩を下からすくいあげるようにして補助する。

子 ● 目線は床にしたまま、後ろにある腕を前に戻す。

ステップ 4

指 ● 肩が回るように腕を前に持ってくる。

子 ● 腕をリラックスさせて前に伸ばす。反対側も同じように行なう。

クロール指導のコツ①

　腕と足をバラバラに動かし規則的に泳がなければならないクロールは、むずかしい泳法です。ここに息継ぎの動作が加わると、意識しないといけないことが山積みになり、それだけで頭がいっぱいになります。

　あらかじめ片腕を伸ばしもう片方の腕を太ももの横に添えた気をつけの姿勢からスタートすると、姿勢をキープすることだけに集中できるのでわかりやすいでしょう。

　腕回しは、子どもが嫌がらなければ、二の腕を持ってサポートするとよいでしょう（写真）。ひじの力を抜いて大きく回すことを意識させます。

　正中線（体を右半身と左半身に分けたときの真ん中）を意識しにくい子どもや、体を傾けることや回転することが苦手な子どもは、伸びのないクロールになりがちです。その場合は、子どもの腰を支え、子どもが伸ばした腕の動きに合わせて体を左右に傾けるサポートをしていくと、だんだん伸びのある泳ぎになります。

21 コロン！と息継ぎ
〔クロールにつなげる練習〕

クロールの息継ぎは腕を回す度にしなければならないものではありません。苦しくなったらするものということを伝えます。まずは顔を水につけたままの面かぶりクロールで、ある程度の距離を泳ぎます。呼吸をしたくて立つようになったら、息継ぎの練習をはじめるタイミングです。

ねらい
・むりなく息継ぎをして泳ぎ続けることができる

ステップ 1

指 ●けのびの姿勢になる。

子 ●子どもの進行方向に立ち、子どもの両手を支える。

ステップ 2

指 ●子どもがひじを曲げるのを補助する。

子 ●ひじを曲げ、腕をももの方にかく。

ステップ 3

指 ●息継ぎのタイミングのときに頭をそっと触り、上を向くサポートをする。

子 ●コロンと上を向いて息継ぎをする。

ステップ 4

子 ●腕を回す。

指 ●息継ぎの目線が決まるよう「天井を見てね」などと声をかける。

ステップ 5

指 ●回して戻ってきた腕をとり、けのび姿勢になっているか見守る。

子 ●頭をコロンと返し、目線はプールの床に向ける。腕を変えてステップ①から⑤をくり返す。

Part 3 泳ぎにつなげる練習 クロール

サポートのコツ

息継ぎのときに水を飲んでしまうことに、子どもは不安を覚えます。

はじめは、背泳ぎのように天井を向いて確実に息を吸って泳いでみましょう。

子どもの頭に手を添えていると安心感があり、落ち着いて息継ぎしやすくなります。

22 パンケーキ！と息継ぎ
〔クロールにつなげる練習〕

息継ぎの姿勢を安定してできるようになるための練習です。けのびの状態から息継ぎの姿勢になる練習をくり返し行なうことで動きのイメージを持ってもらいます。イメージ通りに体を動かせていることに子どもが気づくと、次第に意識的に体を動かせるようになります。

ねらい
- 腕を大きく伸ばせる
- 体が浮いている状態で体を動かすことができる

ステップ 1

子 ● 片手のけのびになる。体が安定するよう伸ばしている腕は水面より下におろす。

ポイント
①目線は天井を向いています。
②後ろの腕は太ももの内側か横にぴったりつけるようにすると体が安定します。
③ここでは「パンケーキ！」の合図で声がけしますが、子どもにとってわかりやすい声がけをします。

ステップ 2

子 ● 後ろの腕を上から前に持ってくる。目線を天井から真下（プールの底）に向け、コロン！ と一気に体ごと下向きになる。

バタ足の指導のコツ

●硬い足をほぐす

　足首の硬い子がキックをすると、足首が90度に曲がったままけってしまうことがよくあります。バレリーナのように足の甲をまっすぐ伸ばした形でキックの練習をして、足の甲に水が当たる感覚を知ってもらいましょう。プールサイドに腰かけて行なえば、目で確認できるので足の使い方や力の加減が体感しやすくなります。温泉が湧き出るような波を目指しましょう。日ごろからお尻回り・ふくらはぎ・足首をほぐしておくことが大切です。

●段階を踏んで練習

　はじめはバタフライのように両足でキックを打ち、慣れたら交互にキックを打つ……と段階を踏んで練習してもよいでしょう。次第に自然とリズムよく動かすことができるようになります。

●足先を意識する

　本人が気持ちよくけのびしているときに足の先までスラッと伸ばすように伝えましょう。全体に意識が届き、下半身全体が伸びやすくなります。足先まで伸びていると、腕を回しているときも自然と前傾姿勢になります。姿勢も安定して息継ぎもしやすくなります。足の親指が意識できるとさらによいでしょう。

23 ゆったりクロール〔完成形〕

クロールと背泳ぎを組み合わせて泳ぎます。体を回転させることと、息を吸うことを流れで覚えます。自力で息継ぎができるようになったらゆったりクロールの完成です。

> **ねらい**
> ・むりなく息継ぎをして泳ぎ続けることができる
> ・自分の力でコロンと上を向いたり、下を向いたりして胴体をコントロールすることができる

ステップ 1

子 ●顔を天井に向け、腕を前に伸ばした状態で足を浮かせる。

ステップ 2

子 ●右腕を前方に回してくる。顔を腕と一緒に動かしながら、コロンと下を向く。

ステップ 3

子 ●反対の左腕でシューッと水をかいて前へ進む。右腕を前に伸ばす。

ステップ 4

子 ● シューッとかいた左腕を回しながら前に戻して伸ばす。

ステップ 5

子 ● もう一度右腕でシューッと水をかいて前に進む。

ステップ 6

子 ● 顔は腕と一緒に動かす。顔を回転させ、息を吸う。ステップ①から⑥をくり返す。

Part 3 泳ぎにつなげる練習 クロール

サポートのコツ

❶ 2回連続で息継ぎをするなどやり過ぎると、目が回り、姿勢も崩れて逆に泳げなくなります。腕を回した3回に1回、あるいは4回に1回など、息継ぎのタイミングを決めて、姿勢を安定させながら正しく息継ぎができるようになりましょう。タイミングがつかめてくると、自然と横に顔が向いて息が吸いやすくなります。

❷ 泳ぐときはリズムも大切です。好きな曲を思い浮かべたり、数を数えるとやりやすくなります。リズムよくやってみましょう。

❸ 口の中の空気が多すぎても、肩が上がってしまったり胸を張りすぎたりしてうまくいきません。普段の呼吸をするときと同じ量でやることを伝えましょう。

クロール指導のコツ②

●顔を上げて泳ぐ子どもの場合

クロールは頭のてっぺんで水を切りながら泳ぐ種目です。頭頂部を触りながら、「ここが正面だよ」「ここで水を切って泳ぐよ」と伝えると、それだけで頭を持ち上げなくなる子どももいます。

●まっすぐ泳ぐことが苦手な子どもの場合

プールの床のラインを目印に泳ぎましょう。フラフープを使うと正面がどこになるのかの目印になり、またゲーム性も出て面白くなります。

●手をあわてて回してしまう子どもの場合

ダイビングスティックを持って泳いでもらいます。前にある手を意識し、左右交互に腕を回すことがわかりやすくなります。色も目立つスティックなら、腕をどこに回してくるのか視認性も高くなります。

ダイビングスティックを持ち変えながら泳いでいるところ

24 基本の泳ぎができるようになったら

基本の泳ぎができるようになると、よりきれいなフォームで泳いだり目標を決めタイムを計って泳いだりしてみたくなるものです。つぎのステップにいくために必要な指導のポイントを紹介します。子どもの障害の程度や成長による理解度に合わせて、取り組んでみましょう。

ポイント 1　感覚をだいじにして泳ぐ

　水の重さを感じたり、音を聞いたり、自分で波をつくったりするなど、「水慣れ」での五感を使った練習は、泳ぎの上達に活きてきます。「自分が気持ちよく泳げるところを探してみよう」と伝えた上で、「もっと腕に水がひっかかるのはどこかな？」と、手首やひじなどの関節の角度を微調整します。

　試してみる前と「どちらが水が重かった？」「どちらが楽に息継ぎできた？」などと確認し、関節の角度や肩や足の伸ばし具合を調整しながら練習をしてみましょう。

　感覚は主観的なので、水がしっかりかける、押せる、流せる、手放せるなどを子どもに実感してもらうことで、自然ときれいな形で泳げるようになります。

ポイント 2　つねに目線を意識して泳ぐ

　泳ぐときの目線は大切です。背泳ぎなら天井、クロールならプールの床のライン、息継ぎしたときの景色などを意識してもらいます。

　子どもが自力で泳げるようになっても、じつは目を閉じて泳いでいることもあります。目線についてはつねに注意を促しましょう。

ポイント 3　リズムをつけて泳いでみる

　ある程度安定して泳げるようになったら、子どもの好きな音楽やリズムに合わせながら泳いでみます。楽しみながら、さらなるパワーアップをめざしてみましょう。

　曲をイメージしたり「心の中で歌う」ことがむずかしい子もいるので、実際に音楽をプールサイドでかけてみてもよいでしょう。メリハリのある泳ぎになったり、安定して体を動かす練習ができます。

ポイント 4　動画や写真を撮る

　自分の泳いでいる姿を客観的に見ることはとても勉強になります。普段、自分の泳いでいるところを見ることはできないので、あらためて見てみると「キックが上手にできているね」「もっと姿勢がよいといいね」などと指導者と確認することもできます。タブレットを防水ケースに入れて撮影するとよいでしょう。

Part 3　泳ぎにつなげる練習

ポイント⑤ 泳ぎ方のイメージを具体的に伝える

　自閉症などの発達障害のある子どもにとって、想像したりイメージを膨らませて泳ぐことはとてもむずかしい作業です。しかし、だからといってできないというわけではありません。

　「きれいに」「元気よく」ではわかりにくくても、動物が好きな子どもなら「イルカはどんなふうに泳いでいるかな？」と質問して、子どもの持つイメージを引き出して伝えるようにしましょう。

ポイント⑥ 泳いだ距離を測る

　子どもが泳ぎ終わって立ったとき、スタート地点を振り返らせて「ほら見て！　ここまで泳いだんだよ！　すごいじゃない！」とほめてあげましょう。実際に泳げた距離を目で確認できると、子どもにとっても大きな達成感があるものです。1cmでも泳いだ距離が伸びれば大きな前進なのです。

ポイント⑦ 泳いだ回数を数える

　同じ練習のくり返しであっても、泳いだ回数を数えると日々の成長がわかります。プールサイドにビート板を重ねて置いておき、1本泳いだら1枚上から取ってとなりに置くことをくり返せば、子どもも残りの本数を目で見て確認できるので達成感を得られます。

　本数が増えればそれは体力がついてきた証拠にもなり、指導者がつぎの練習の内容を考える材料にもなります。

ポイント⑧ タイムを計る

　速さを競わなくても、今の自分がどれだけ泳げるようになったかを知るためにタイムを計ることをおすすめします。

　タイムを計ることで、前回よりもいい泳ぎができなかったことが数字で表れてしまう場合もあります。しかし、気分や緊張具合、体調などによって差が出るのは当然のことです。そのときは、「今日は少し疲れ気味だったのに、こんなに速いタイムだったなんてすごいじゃない！」と励まします。タイムはあくまで子どものやる気を引き出すために計ります。

ポイント⑨ 子どもに泳いだ感想を聞く

　子どもが泳いだ直後に、「今のクロールの手はどうだった？」と確認することはとても大切です。子どもにとってやりにくかったとしても、上手に泳げていたら、その感覚を覚える必要があるからです。気持ちよく泳げることと上手に泳げることが一致するように練習していきましょう。

　将来自分で考えながら泳ぐための土台となります。タイムや距離が気になってきたときに、「どこが違うのかな？」など自分で考えて新たに目標を立て、達成していくことの楽しさを知ってもらえます。

付 録

● フロート（枕形）の作り方

● フロート（ネックピロー形）の作り方

● 賞状

● コミュニケーションカード

付録① フロート(枕形)の作り方

準備
- 発泡ビーズ 260～300ｇ程度
- メッシュ生地（128cm×58cm）
- チャコペン／ものさし／針／糸

★ミシンもOK！

■図①

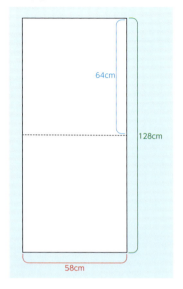

■図②

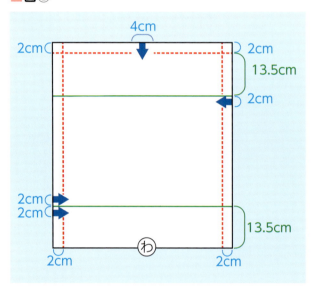

1 図①のように生地を用意し、タテ64cmで2つに折ります。

2 図②のように2cmのぬいしろをとり、赤線の部分をぬいます（4カ所の➡のところは縫わない）。ミシンのときは「細かめ」にします。

3 生地をひっくり返します。

■図③

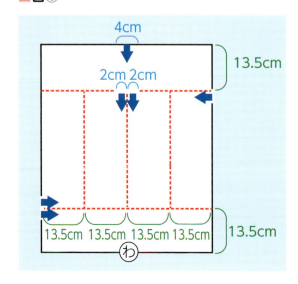

4 図③の赤線をぬいます。
➡のところはあけておきます。

5 あけていた6カ所（➡）から発泡ビーズを入れます。

6 穴をふさいで完成です！
（ここでは手でぬいましょう）

114

付録② フロート（ネックピロー形）の作り方

準備

- 発泡ビーズ　100ｇ程度
  （浮き具合で調整してください）
- メッシュ生地（128㎝×25㎝）
- チャコペン／ものさし／針／糸

★ミシンもOK！

■図①

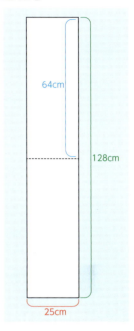

■図②

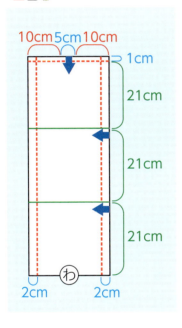

1. 図①のように生地を用意し、タテ64㎝のラインで2つに折ります。

2. 図②のようにぬいしろをとり、**赤線**の部分をぬいます（3カ所の➡のところは縫わない）。ミシンのときは「細かめ」にします。

3. 生地をひっくり返します。

■図③

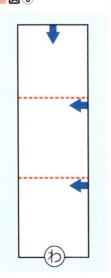

4. 図③の**赤線**をぬいます。

5. あけていた3カ所（➡）から発泡ビーズを入れます。

6. 穴をふさいで完成です！
   （ここでは手でぬいましょう）

使い方

背浮きの練習のときに腰に当てたり、小さい子には縦向きで背中全面に当てて使用します。

付録 ③ 賞状 ●子どもが目標を達成したとき渡します。

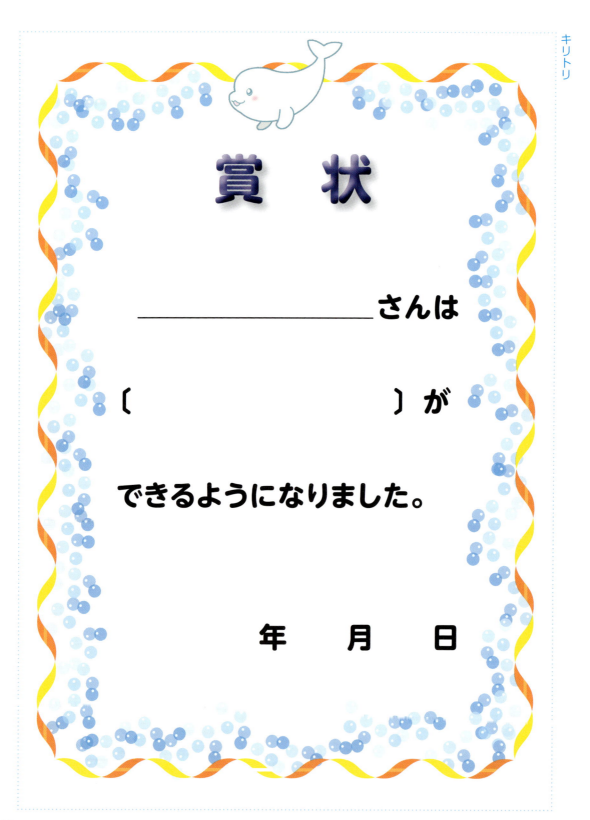

キリトリ

賞 状

_____ さんは

〔　　　　　　　　　〕が

できるようになりました。

年　　月　　日

コミュニケーションカード

● ラミネート加工や密閉できるビニールに入れて使います。

ここを みてね

てを あわせる

もう いちど およぎます

そのた

●コミュニケーションカード

キリトリ

ほか

ないたつ

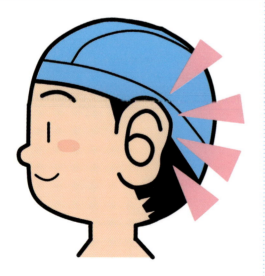

きく

おやすみ 	みずなれ 
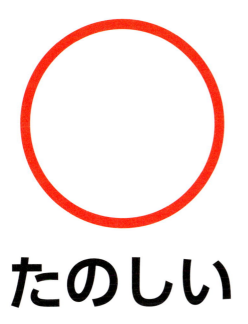 たのしい	 つらい

●コミュニケーションカード

キリトリ

トイレ

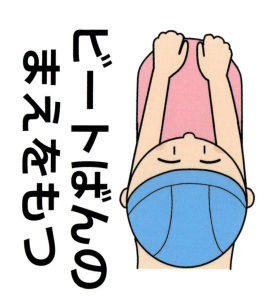

ビートばんの
まえをもつ

ビートばんの
まんなかをもつ

ビートばんの
うしろをもつ

キリトリ

バタあし

クロール

ビートばんの
いきつぎ

いきつぎ

121

●コミュニケーションカード

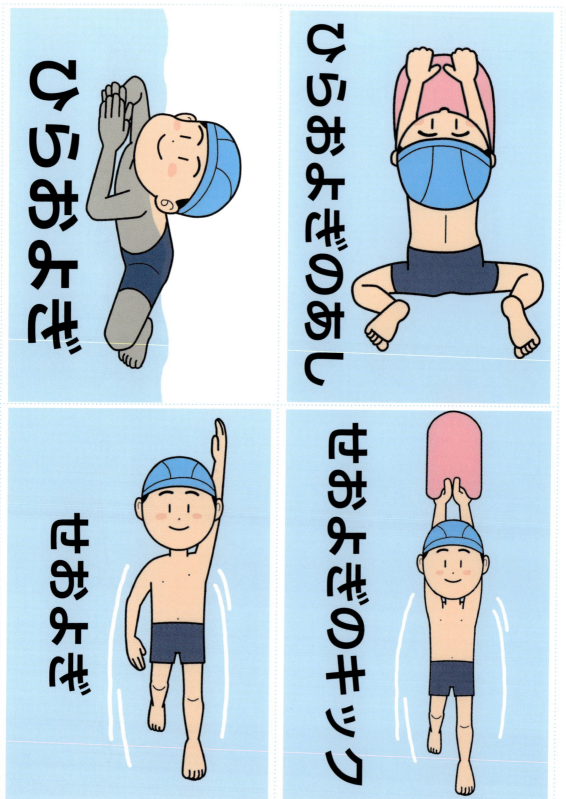

●コミュニケーションカード（予備）

キリトリ

あとがきにかえて

　私は大学在学中に障がい者スポーツと出会い、「三鷹市障害児・者水泳教室」で支援活動をはじめました。この教室では、障害者一人ひとりの特性を的確につかみ個別対応のプログラムを組み指導を行なっていました。指導者の力量が試されるとともに、指導後はグループミーティングで先輩たちと自由闊達な意見を交わし、多くの貴重な助言もらいました。担当する障害者が「また来たい！」「プールは楽しい！」との思いを持っていただくことにやりがいを感じたものでした。

　著者である酒井さんとの出会いは「日本障がい者スポーツ協会公認指導者養成講習会」で私の科目を受講されたときでした。そのとき彼女から、この「三鷹市障害児・者水泳教室」で活動しているとの話を伺い、驚きとともに深い縁を感じました。

　酒井さんは在学中に、この活気あふれる教室での指導を経験し、また、数々の水泳関連の講習会に参加し資格を取得するなど目を見張る活躍をされていました。関係学会でもお会いするなど、向学心旺盛な若手の障がい者水泳指導者に加わってくれると大きな期待を寄せる存在でした。

　酒井さんは一貫して「障害当事者が主人公」「常によりそいていねいな指導」「プールは楽しい時間で幸せを感じる場」という姿勢を持ち続けています。この本は著者の水泳経験や指導経験による「現場から生み出された実践集」です。障がい者水泳に関わる方にとっては数少ない指導書の一つとして、ご自身の指導の引き出しを増やす一助になることと思います。若手の酒井さんは、これからも実践や研究を重ねバージョンアップを続けることを切に願います。

　障がい者スポーツの指導は、当事者の障害特性を把握することが重要なポイントです。その特性は千差万別、十人十色であり、一冊の教本がすべての場面で通用することはないでしょう。したがって、本書は一つの調理方法を示した内容であり、このレシピを元に障がい者の方々が「おいしい！」「また食べたい！」と言ってもらえるように、次は指導者である皆さん方が、障がい者一人ひとりに合わせた調理の工夫を凝らすことが大切です。それが、障がい者スポーツの醍醐味でもあるのです。

2019 年 7 月吉日

東京都障害者スポーツ指導者協議会会長　植田敏郎

●著者紹介

酒井泰葉（さかい・やすは）

アクアマルシェ代表
公益財団法人日本障がい者スポーツ協会　障害者スポーツ指導員
公益財団法人日本水泳連盟　水泳指導員

東京都出身。大学で心理学を専攻し、スポーツ心理学や障害者心理学、支援方法などを学び、十余年障害者水泳について研究を続けている。
生まれつき体が弱く、体力をつけるためにスイミングスクールに通いはじめたことが水泳との出会い。大学入学と同時に水泳指導員の資格を取得し、スイミングスクールや小学校での水泳指導、障害者水泳指導に携わるようになる。
大学卒業後、障害者福祉の仕事を経て、個別指導型水泳クラブ「アクアマルシェ」を立ち上げる。障害者水泳指導の活動は全国の新聞にも取り上げられ注目をあびる。現在は、毎日水泳指導をする傍ら、障害者水泳の指導者養成講座にも力を注いでいる。

【おもな取得資格】
パラアーティスティックスイミング指導者資格 B（旧：障害者シンクロ指導者資格 B）
ATRI 認定アクアセラピーインストラクター（水中運動の国際資格）
ほか多数。

●監修者紹介

植田敏郎（うえだ・としろう）

東京都障害者スポーツ指導者協議会会長

1982 年、東京都特別区福祉専門職として杉並区に入庁。その後、25 年間、杉並区立重度障害者通所施設で、主に重度脳性麻痺者と重度自閉症者の水泳プログラムを担当する。
公益社団法人東京都障害者スポーツ協会理事、公益財団法人日本障がい者スポーツ協会／指導者協議会研修部会部会長、東京都障害者水泳連盟理事。

アクアマルシェから読者の皆様へ
〜 フォローアップのお知らせ 〜

この本をお手に取っていただきありがとうございます。

障害者水泳はとても奥が深く、本書に書ききれなかった内容やお役立ち情報を無料メールマガジン「知らなかった！ 障害者水泳のコツ」でご案内しています。

下記 QR コード、またはホームページ、空メールのいずれかよりご登録ください。

ご登録いただいた方は、身体障害者の水泳介助をわかりやすく解説した『PDF 版ハッピースイミング』（オールカラー・62 ページ）も無料でダウンロードいただけます。

● 登録方法

こちらから➡

または、 t460518@1lejend.com に空メールをお送りください。
HP からも登録できます。

アクアマルシェ　三鷹 🔍

＊ご登録いただいた個人情報は、メールマガジンの配信、メルマガ会員へのお知らせにのみ利用いたします。

写真協力／小林志夫
撮影協力／宍戸蓮　高橋更沙　清水一誠　清水里子
　　　　　SUBARU 総合スポーツセンター
編集協力／大﨑雄介

組版／合同出版制作室
イラスト／shima.
装幀／椎原由美子（シー・オーツーデザイン）

発達が気になる子への水泳の教え方
スモールステップでみるみる泳げる！

2019 年 7 月 15 日　第 1 刷発行

著　者　酒井泰葉
監修者　植田敏郎
発行者　上野良治
発行所　合同出版株式会社
　　　　東京都千代田区神田神保町 1-44
　　　　郵便番号　101-0051
　　　　電話 03（3294）3506／FAX 03（3294）3509
　　　　URL：http://www.godo-shuppan.co.jp／
　　　　振替 00180-9-65422
印刷・製本　新灯印刷株式会社
■刊行図書リストを無料送呈いたします。
■落丁乱丁の際はお取り換えいたします。
本書を無断で複写・転訳載することは、法律で認められている場合を除き、著作権及び出版社の
権利の侵害になりますので、その場合にはあらかじめ小社あてに許諾を求めてください。
ISBN978-4-7726-1390-3　NDC070　267 × 182
© Yasuha SAKAI, 2019